T0209913

Das theologisch-politische Problem

HEINRICH MEIER

Das theologisch-politische Problem
Zum Thema von Leo Strauss

VERLAG J. B. METZLER
STUTTGART · WEIMAR

Bibliografische Information Der Deutschen Bibliothek
Die Deutsche Bibliothek verzeichnet diese Publikation in der Deutschen
Nationalbibliografie; detaillierte bibliografische Daten sind im Internet
über <http://dnb.ddb.de> abrufbar.

ISBN 978-3-476-01962-2
ISBN 978-3-476-02934-8 (eBook)
DOI 10.1007/978-3-476-02934-8

© 2003 Springer-Verlag GmbH Deutschland
Ursprünglich erschienen bei J.B. Metzlersche Verlagsbuchhandlung
und Carl Ernst Poeschel Verlag GmbH in Stuttgart 2003

www.metzlerverlag.de
info@metzlerverlag.de

Inhalt

Philosophieren ist: im Bewusstsein
der schlechthinnigen Vergänglichkeit
alles Menschlichen, aber gleich als
ob einem die ganze Ewigkeit zur
Verfügung stände, nach der Wahrheit suchen – mit vollkommener
Ruhe, ohne jegliche Eile – stets
dringlich, aber niemals eilig – mit
dem Mut zum schönen Wagnis, und
beständig bereit, ganz von vorn
anzufangen.

Leo Strauss, Notiz vom 1. April 1937

Vorwort

Die gegenwärtige Schrift enthält einen Vortrag, einen Kommentar und eine Anmerkung, die im Frühjahr und Sommer 2002 entstanden sind. Sie steht in engem sachlichem Zusammenhang mit den Arbeiten, die ich seit der Veröffentlichung meines *Dialogs unter Abwesenden* im April 1988 vorgelegt habe. Ihnen allen ist gemeinsam, daß sie um das theologisch-politische Problem kreisen, das sie vermittels der Unterscheidung von Politischer Theologie und Politischer Philosophie aufzuklären suchen. Über den philosophischen Ort der Auseinandersetzung, die in ihnen geführt wird, und über die Intention, die für diese Auseinandersetzung bestimmend ist, gibt meine Münchner Antrittsvorlesung *Warum Politische Philosophie?* nähere Auskunft.

Das theologisch-politische Problem schließt unmittelbar an *Warum Politische Philosophie?* an und nimmt das Argument auf, das ich dort in Rücksicht auf die rationale Begründung des philosophischen Lebens umrissen habe, um es schärfer zur Entfaltung zu bringen. In den Text haben Teile des Epilogs zur Neuausgabe meines Buches über Carl Schmitt und Leo Strauss von 1998 *Eine theologische oder eine philosophische Politik der Freundschaft?* Eingang gefunden. Er wurde für das erste Symposion über Leo Strauss in Deutschland geschrieben, das unter dem Titel »Living Issues in the Thought of Leo Strauss« mit großer internationaler Beteiligung vom 17. bis 20. Juni 2002 in der Carl Friedrich von Siemens Stiftung in München stattfand, und am 19. Juni 2002 auf englisch vorgetragen. Danach diente er als Grundlage öffentlicher Vorträge, die ich im September und im Dezember 2002, wiederum in englischer Sprache, an der Fudan Universität in Schanghai und an der Waseda Universität in Tokio sowie im

November 2002, in einer stark gekürzten deutschen Fassung, an den Universitäten Halle und Heidelberg hielt.

Zur Genealogie des Offenbarungsglaubens unternimmt den Versuch, an einem Beispiel, das mehr als ein Beispiel ist, vor Augen zu führen, in welcher Weise die vier Ansätze zu entwickeln sind, die *Das theologisch-politische Problem* für die Begegnung mit dem Offenbarungsglauben benennt, was in ihnen in Rede steht, was jeder von ihnen voraussetzt und erfordert. Gegenstand des Textes ist eine genealogische Skizze von Strauss, die hier zum erstenmal im Druck erscheint. Strauss hatte sie ans Ende seines Vortrags *Reason and Revelation* gestellt, den er, einer Einladung von Karl Löwith folgend, am 8. Januar 1948 am Theological Seminary in Hartford, Connecticut hielt. Ich habe die genealogische Rekonstruktion des Offenbarungsglaubens in zwei Seminaren ausführlicher behandelt, die ich im Spring Quarter 2000 am Committee on Social Thought der Universität Chicago und im Sommersemester 2002 am Philosophie-Department der Ludwig-Maximilians-Universität München zum theologisch-politischen Problem veranstaltete.

Der Tod als Gott teilt einige Überlegungen zu einer dunklen Fußnote von Strauss mit, die Martin Heidegger betrifft und die, soweit ich sehe, bisher nicht die Beachtung gefunden hat, die sie verdient. Der kurze Text richtet am Ende einer eingehenden Beschäftigung mit dem theologisch-politischen Problem den Blick auf einen Philosophen, auf dessen Denken das theologisch-politische Problem seinen langen Schatten geworfen hat, ohne daß es für ihn jemals ein Thema von Gewicht war, oder vielmehr: weil es für ihn kein Thema von Gewicht war.

München, den 8. April 2003   H. M.

Das theologisch-politische Problem

Nichts ist so umstritten im Denken von Leo Strauss und nichts ist so zentral für sein Verständnis wie das theologisch-politische Problem. Umstritten ist nicht nur die Position, die Strauss zum theologisch-politischen Problem einnimmt. Der Streit betrifft bereits die Frage, welche Position er in Wahrheit eingenommen hat. Und da das theologisch-politische Problem im Zentrum von Strauss' Politischer Philosophie steht, findet der Streit seinen Niederschlag in der Auseinandersetzung mit allen großen Themen des Strausschen Œuvre, vom Dialog der Alten und der Modernen, über die Philosophie als Lebensweise und die exoterisch-esoterische Kunst des Schreibens bis zur Kritik des Historismus.

Strauss selbst hat die Zentralität des theologisch-politischen Problems 1964 in einer seiner nicht eben zahlreichen autobiographischen Äußerungen über jeden Zweifel herausgestellt. Die Erklärung, die lange Zeit kaum Beachtung fand, obschon sie den inneren Zusammenhang seiner Arbeiten in einem einzigen Satz prägnant benennt, wird vorbereitet durch die Eröffnung des *Preface to the English Translation*, das Strauss im August 1962 für die amerikanische Ausgabe seines Erstlingswerkes *Die Religionskritik Spinozas* schreibt. Der erste Absatz lautet: »This study on Spinoza's *Theologico-political Treatise* was written during the years 1925–28 in Germany. The author was a young Jew born and raised in Germany who found himself in the grip of the theologico-political predicament.«[1] Im Oktober 1964, kurz nach seinem 65. Geburtstag, blickt Strauss im Vorwort zu *Hobbes' politische Wissenschaft* abermals auf die Anfänge seines Denkwegs in Deutschland zurück. Er erinnert an die frühe Beschäftigung mit der im 17. Jahrhundert einsetzenden Bibelkritik,

---

1 *Spinoza's Critique of Religion*. New York 1965, p. 1, *Gesammelte Schriften*. Band 1. Zweite, durchgesehene und erweiterte Auflage. Stuttgart–Weimar 2001, p. 5.

insbesondere mit Spinozas *Tractatus theologico-politicus*, und an die Herausforderung, die die Theologie der Offenbarung seit den zwanziger Jahren für ihn bedeutete: »Das Wiedererwachen der Theologie, das für mich durch die Namen von Karl Barth und Franz Rosenzweig bezeichnet ist, schien es notwendig zu machen, daß man untersuche, inwieweit die Kritik an der orthodoxen – jüdischen und christlichen – Theologie siegreich zu sein verdiente.« Und dann setzt er hinzu: »Das theologisch-politische Problem ist seitdem *das* Thema meiner Untersuchungen geblieben.«[2]

Die ebenso lakonische wie kennzeichnende Aussage steht im ersten und zugleich letzten Text, mit dem sich Strauss nach einer Unterbrechung von beinahe drei Jahrzehnten wieder an deutschsprachige Leser wendet. Um die Perspektive richtig zu verstehen, in der das Vorwort zu *Hobbes' politische Wissenschaft* konzipiert ist, muß man wissen, daß Strauss für 1965, das Jahr, in dem der Band mit der Erstveröffentlichung des 30 Jahre zuvor abgeschlossenen deutschen Originals des Hobbes-Buches und dem Wiederabdruck der im September 1932 erschienenen *Anmerkungen* zu Carl Schmitts *Begriff des Politischen* herauskommen würde, eine Einladung angenommen hatte, als Gastprofessor an die Universität Hamburg zurückzukehren, an der er 1921 von Ernst Cassirer mit einer Dissertation über das Erkenntnisproblem bei Jacobi promoviert worden war. Gesundheitliche Gründe machten das Vorhaben, in Hamburg Philosophie zu lehren, im letzten Augenblick zunichte. Ein kurzer Besuch, der ihn 1954 nach Freiburg i.Br., Heidelberg, Frankfurt a.M. und an seinen Geburtsort Kirchhain in Hessen führte, ist so der einzige Aufenthalt in Deutschland geblieben, nachdem Strauss Berlin 1932 in Richtung Paris und später London und Cambridge verlassen hatte.

---

2 *Hobbes' politische Wissenschaft.* Neuwied am Rhein und Berlin 1965, p. 7, *Gesammelte Schriften.* Band 3. Stuttgart–Weimar 2001, p. 7/8.

Wenn Strauss 1964, die Rückkehr nach Deutschland als Autor wie als Lehrer vor Augen, das »theologisch-politische Problem« als das einheitsstiftende Thema seiner Untersuchungen benannte, nahm er offenbar an, der Hinweis werde hier eher verstanden und aufgegriffen als irgendwo sonst. Strauss' Abbreviatur für die Dringlichkeit der Auseinandersetzung mit der theologischen und der politischen Alternative zur Philosophie konnte beim deutschsprachigen Publikum indes schwerlich ein Echo finden, ehe nicht ein neuer Zugang zur Politischen Philosophie geschaffen war. Sie mußte auf Unverständnis stoßen, solange die Auseinandersetzung mit der theologischen und der politischen Alternative nicht als das Herzstück der Politischen Philosophie selbst begriffen wurde. Angesichts der näheren Umstände, unter denen Strauss das theologisch-politische Problem als *das* Thema seines weit ausgreifenden Œuvre namhaft gemacht hat, mag es angemessen sein, daß ein deutscher Leser, der Strauss so kennenlernte und sich ihm so näherte, wie er andere Philosophen der Vergangenheit kennenlernte und sich ihnen näherte, nämlich einzig über die Lektüre ihrer Schriften und in der Auseinandersetzung mit ihrem Denken, das theologisch-politische Problem zu seinem Thema macht.

Warum wählt Strauss in dem Hinweis vom Oktober 1964, mit dem er das Zentrum und den Zusammenhang seines Werkes bestimmt, in einem Hinweis, der in seinen Veröffentlichungen ohne Gegenstück ist, den Begriff »theologisch-politisches Problem«? Weshalb greift er nicht auf die Formel »Jerusalem und Athen« zurück, die er seit Mitte der vierziger Jahre immer wieder verwendet hatte? Warum spricht er nicht vom Konflikt zwischen der Philosophie und der Offenbarung? Warum nicht von der Spannung zwischen dem Gemeinwesen und der Philosophie? Weshalb macht er sich nicht die Überschrift »Ancients and Moderns« zueigen, unter der Freunde und Schüler wenige Wochen zuvor eine Festschrift ihm zu Ehren vorgelegt hatten? Offenkundig bezeichnet das theologisch-politische Problem das fundamentale Problem, das Thema, in dem die anderen Themen sich treffen, durch das sie gebündelt werden und in dessen Licht sie ihren besonderen Ort erhalten.

Beginnen wir mit einem Blick auf die Querelle des Anciens et des Modernes, die Strauss Anfang der dreißiger Jahre neu entfachte und die ihn wie keinen anderen Philosophen des 20. Jahrhunderts umtrieb. Sie hat für Strauss ihren letzten Grund in der unterschiedlichen Haltung der Alten und der Neueren gegenüber dem theologisch-politischen Problem, die auf unterschiedlichen geschichtlichen Ausgangslagen beruht, sich in unterschiedlichen politischen Strategien niederschlägt und schließlich in unterschiedlichen philosophischen Einschätzungen des Problems zum Ausdruck kommt. In einem unveröffentlichten Vortrag, den Strauss im Januar 1948 am Hartford Theological Seminary in Hartford, Connecticut, unter dem ihm vorgegebenen Titel »Reason and Revelation« über »Philosophy and Revelation« hielt, bringt er den Streit der Alten und der Modernen auf die thesenhaft zugespitzte Formel: »A philosophy which believes that it can refute the possibility of revelation – and a philosophy which does not believe that: *this* is the real meaning of la querelle des anciens et des modernes.«[3] Das theologisch-politische Problem konfrontiert uns, so können wir zunächst festhalten, mit der Schwierigkeit, die Möglichkeit der Offenbarung zu widerlegen.

Der Konflikt zwischen der Philosophie und der Offenbarung, aus dem die Aufgabe erwächst, die Möglichkeit der Offenbarung zu widerlegen, wird von Strauss im Vortrag vor den Theologen des Hartford Seminars schärfer gefaßt als in irgendeiner seiner Schriften davor oder danach. Strauss arbeitet die Opposition heraus, in der die Freiheit des Fragens und Erkennens, welche die Philosophie verlangt, und der Gehorsam gegen die souveräne Autorität, den die Offenbarung gebietet, zueinander stehen: »To the philosophic view that

---

3 *Reason and Revelation* (1947/1948), fol. N 5 recto. Leo Strauss Papers, Box 11, Folder 13. Meine Transkription des Textes wird in Band 4 der *Gesammelten Schriften* publiziert werden.

man's happiness consists in free investigation or insight, the Bible opposes the view that man's happiness consists in obedience to God.« Die prinzipielle Opposition zwischen der Philosophie und der Offenbarung in Rücksicht auf das Glück des Menschen erweist sich bereits im nächsten Satz als die wahrhaft radikale Opposition in Rücksicht auf das Recht und die Notwendigkeit der Philosophie: »The Bible thus offers the only challenge to the claim of philosophy which can reasonably be made. One cannot seriously question the claim of philosophy in the name, e.g., of politics or poetry. To say nothing of other considerations, man's ultimate aim is what is really good and not what merely *seems* to be good, and only through *knowledge* of the good is he enabled to find the good.« Von der wahrhaft radikalen Opposition steuert Strauss geradewegs auf die schlechterdings fundamentale Alternative zu, die dem Konflikt zwischen Philosophie und Offenbarung zugrunde liegt und die den Menschen als Menschen betrifft: »But this is indeed the question: whether men can acquire the knowledge of the good, without which they cannot guide their lives individually and collectively, by the unaided efforts of their reason, or whether they are dependent for that knowledge on divine revelation. Only through the Bible is philosophy, or the quest for knowledge, challenged by *knowledge*, viz. by knowledge revealed by the omniscient God, or by knowledge identical with the self-communication of God. No alternative is more fundamental than the alternative: human guidance or divine guidance. *Tertium non datur.*«[4] Daß die Philosophie ernsthaft nur im Namen der Offenbarung in Frage gestellt werden kann, besagt zweierlei: Die Offenbarung erscheint als *die* Herausforderung der Philosophie, da sie die Erfüllung des tiefsten Begehrens, das die Philosophie bewegt, die Erkenntnis der Wahrheit, in Aussicht stellt und jenes Begehren selbst, als ein freies Begehren, zugleich radikal ver-

4 *Reason and Revelation*, fol. 4 recto / 4 verso; cf. *Natural Right and History*. Chicago 1953, p. 74/75.

neint. Der Gott der Offenbarung beansprucht, in Vollkommenheit, ohne Einschränkung und ohne Eintrübung, über ebendas zu verfügen, worauf der Eros der Philosophen gerichtet ist; aber er behält es seiner souveränen Entscheidung vor, die Wahrheit, die er in sich birgt, wem er will, wann er will, wo er will und wie er will zu erkennen zu geben, in den Grenzen, die sein Wille festlegt, und zu den Zwecken, die sein Urteil bestimmt. Die Offenbarung stellt für die Philosophie eine theoretische und existentielle Herausforderung in eins dar. Theoretisch fordert die Offenbarung die Philosophie heraus, insofern sie die Philosophie vor die Frage stellt, ob die Wahrheit, ob die alles entscheidende Wahrheit, nicht verfehlt werde, wenn sie vom Menschen frei gesucht wird, ob der einzig mögliche Zugang zur Wahrheit nicht vielmehr in deren gläubiger Hinnahme bestehe, von dem, der *die* Wahrheit *ist*. Existentiell fordert die Offenbarung die Philosophie heraus, insofern sie der Philosophie das Gebot des Gehorsams entgegenhält, das das philosophische Leben im Namen der höchsten Autorität verwirft, die sich ausdenken läßt, und es mit der schwersten Sanktion belegt, die ersonnen werden kann. Politik oder Dichtung vermögen die Philosophie nicht *ernsthaft* in Frage zu stellen, da sie – oder solange sie – das philosophische Leben nicht unter Berufung auf die Erkenntnis, die Wahrheit, die Gewalt des allwissenden, des allmächtigen, des unergründlichen Gottes verneinen und ihre Einrede gegen die Philosophie nicht mit der Aussicht ewiger Seligkeit oder ewiger Verdammnis beschweren können. Das theologisch-politische Problem lenkt unsere Aufmerksamkeit, so halten wir weiter fest, auf das Erfordernis, das Recht und die Notwendigkeit der Philosophie gegen die doppelte Herausforderung zu verteidigen, die die Offenbarung und das auf sie gegründete Leben aus dem Gehorsam des Glaubens für die Philosophie bedeutet.

Die Spannung zwischen dem politischen Gemeinwesen und der Philosophie liegt dem Konflikt zwischen der Philosophie und der Offenbarung voraus, und dasselbe gilt für das

Erfordernis, das Recht und die Notwendigkeit der Philosophie rational zu begründen und politisch zu verteidigen. Das philosophische Leben, das seine raison d'être darin hat, daß es auf rückhaltloses Fragen gegründet ist und daß es sich bei keiner Antwort beruhigt, die ihre Beglaubigung einer Autorität schuldet, befindet sich nicht erst mit dem Auftreten der Offenbarungsreligionen in einer prekären Lage. Als distinkte Lebensweise, die auf einer bewußten Wahl beruht und gegen alle Widerstände festgehalten wird, ist die Philosophie eine Antwort auf die Frage nach dem Richtigen, die sich immer schon autoritativen Antworten auf die Frage nach dem für den Menschen Rechten und Gerechten gegenübersieht. Sie trifft auf politische Verbindlichkeiten und moralische Forderungen, die ihr mit dem Willen zur Durchsetzung entgegentreten. Sie untersteht dem Gesetz des Gemeinwesens, göttlichen oder menschlichen Geboten und Verboten. In der Auseinandersetzung mit dem Theios Nomos der jeweiligen Polis entdeckt sie die Physis und findet sie sich selbst. Soviel zur Ausgangslage der Philosophie und zum Horizont, in dem die Alternative eines Lebens unter menschlicher Führung oder eines Lebens unter göttlicher Führung natürlicherweise auftritt. Wird die Spannung zwischen dem Gemeinwesen und der Philosophie durch den Konflikt der Philosophie mit der Offenbarung überholt? Verliert sie angesichts der neuen, sehr viel ernsteren Herausforderung an Interesse? Oder wie ist das Verhältnis der wahrhaft radikalen Opposition in Rücksicht auf das Recht und die Notwendigkeit der Philosophie zur schlechterdings fundamentalen Alternative für den Menschen näher zu bestimmen? In einem seiner spätesten und wichtigsten Aufsätze, in *Note on the Plan of Nietzsche's »Beyond Good and Evil«*, sagt Strauss 1973 über Nietzsche: »Philosophy and religion, it seems, belong together – belong more closely together than philosophy and the city. [...] The fundamental alternative is that of the rule of philosophy over religion or the rule of religion over philosophy; it is not, as it was for Plato or Aristotle, that of the philosophic and the political life;

for Nietzsche, as distinguished from the classics, politics belongs from the outset to a lower plane than either philosophy or religion.«[5] Wenn Nietzsche im Unterschied zu den politischen Philosophen der Antike, aber im Einklang mit jenen der Moderne die Frage in den Mittelpunkt rückt, ob die Religion über die Philosophie oder ob die Philosophie über die Religion herrschen soll, trägt er der veränderten geschichtlichen Situation Rechnung, die für die Philosophie durch die Heraufkunft der Offenbarungsreligionen und insbesondere durch den Aufstieg des Christentums entstand. Strauss ist weit davon entfernt, die Dringlichkeit oder gar die Berechtigung der Herrschaftsfrage in Zweifel zu ziehen. Das vitale Interesse der Philosophie, sich gegen eine souveräne Religion mit universellem Anspruch zu behaupten, die über die theologischen wie die politischen Mittel verfügte, sich die Philosophie dienstbar zu machen, bestreitet er sowenig, daß er die mehr als ein Jahrtausend während Akkomodation einer in der Überlieferung ihrer Lehrgehalte versteinerten Philosophie an eine übermächtige Überlieferung des Gehorsams oder, in Strauss' Worten, die »widersinnige Verflechtung einer Nomos-Tradition mit einer philosophischen Tradition« vielmehr selbst nachdrücklich der Kritik unterzieht.[6] Welchen Einwand also erhebt Strauss gegen die Alternative, die er Nietzsche zuschreibt? Wie wir gesehen haben, trifft die Philosophie für Strauss in der Offenbarung auf die entscheidende Herausforderung. Durch die Politik kann sie in ihrem eigensten Anspruch am Ende nicht erschüttert werden, und ihr tiefstes Begehren vermag im politischen Leben keine Erfüllung zu finden. Damit die Philosophie aber imstande sei, die Heraus-

---

5 Note on the Plan of Nietzsche's »Beyond Good and Evil« (1973) in: Studies in Platonic Political Philosophy. Chicago 1983, p. 176.
6 Brief an Gerhard Krüger vom 17. November 1932, Gesammelte Schriften. Band 3, p. 406; The Mutual Influence of Theology and Philosophy, Independent Journal of Philosophy, III, 1979, p. 113; Persecution and the Art of Writing. Glencoe, Ill. 1952, p. 19–21, 168, 174, 179, 191; Thoughts on Machiavelli. Glencoe, Ill. 1958, p. 184/185, 231; Liberalism Ancient and Modern. New York 1968, p. 193.

forderung der Offenbarungsreligion angemessen zu beantworten, muß sie sich im Ernst auf die Erwartungen und Forderungen einlassen, die das politische Leben auszeichnen, und
sich mit den moralischen Verbindlichkeiten, mit den Vorstel-
lungen vom Gemeinwohl und von der gerechten Herrschaft
Gottes oder der Menschen auseinandersetzen, die dieses Leben bestimmen. Was Strauss im Auge hat, wenn er Nietzsche
zur Last legt, die Politik sei für ihn von vornherein auf einer
niedereren Ebene angesiedelt als die Philosophie und die Religion, ist das Erfordernis, radikaler, eben bei der Politik anzusetzen, beim Gemeinwesen, bei den Grundlagen seiner
Existenz, bei seinem Lebenselement, den Meinungen und
Wertschätzungen seiner Bürger, um den Horizont aufzusu-
chen, in dem die Philosophie und die Religion ihren Streit
miteinander beginnen und austragen können.[7] Die fundamentale Alternative, so läßt sich Strauss' Einwand formulie-
ren, betrifft nicht die Frage, ob die Philosophie oder ob die
Religion herrschen soll. Die fundamentale Alternative wird
erst durch die Frage erschlossen: *Was ist das richtige Leben?*
Und bei ihr handelt es sich um eine eminent politische Frage.
Das »theologisch-politische Problem« enthält, wie wir endlich
feststellen können, in der präzisen Formulierung, die Strauss
zur Kennzeichnung des einheitsstiftenden Themas seiner Untersuchungen wählt, nämlich als theologisch-*politisches* Problem, einen Hinweis, auf welchem Wege das Recht und die
Notwendigkeit der Philosophie begründet und die Auseinandersetzung mit der Offenbarung aussichtsreich geführt zu
werden vermag.

7 Eine nicht ausgesprochene Implikation des Einwands von Strauss ist
die Kritik, Nietzsche habe sich von den Wertschätzungen des politischen
Lebens nicht im erforderlichen Maße befreit, weil er sie philosophisch nicht
hinreichend ernst genommen habe, und dies gelte zuallererst für den Willen zur Herrschaft selbst. Ob diese Kritik das Zentrum von Nietzsches Philosophie erreicht, oder ob sie nur seine exoterische Lehre, das Nietzsche-
Projekt einer Philosophenherrschaft der Zukunft trifft, braucht uns hier
nicht zu beschäftigen. Wichtiger ist für uns der Wink, in welcher Richtung
Strauss eine Lösung des theologisch-politischen Problems verfolgt.

Über das Augenfälligste an der Formulierung von Strauss habe ich bisher nicht gesprochen. Was seine Rede vom »theologisch-politischen Problem« unmittelbar in Erinnerung ruft, ist das theologisch-politische Unternehmen, das die moderne Philosophie vorantrieb. Aus Strauss' Sicht war diesem Unternehmen zumindest ein Erfolg nicht beschieden: es hat das theologisch-politische *Problem* nicht aus der Welt zu schaffen vermocht. Der politische Erfolg des Unternehmens, die Etablierung der liberalen Gesellschaft, gab dem Problem lediglich und allerdings eine neue Wendung: die alte theologische Schwierigkeit blieb unbewältigt zurück, während die neue politische Herausforderung fortan darin bestand, den Rang des Politischen wieder zur Geltung zu bringen und die Würde des politischen Lebens allererst sichtbar werden zu lassen. Der geschichtliche Prozeß, den das theologisch-politische Unternehmen der modernen Philosophie in Gang setzte, führte zur Parzellierung des menschlichen Lebens in eine Vielzahl »autonomer Kulturprovinzen«. Im vermeintlich schiedlich-friedlichen Mit- und Nebeneinander von Wirtschaft, Politik, Religion, Kunst, Wissenschaft usw. kommen der Philosophie die ernsten Alternativen abhanden, und mit ihnen verblaßt das Bewußtsein, daß die Philosophie eine besondere Lebensweise ist. In der Welt der modernen Kultur, die sie maßgeblich mit ins Werk setzen half, ist die Philosophie weniger denn je dafür gerüstet, die Auseinandersetzung mit der Offenbarung zu bestehen und ihr Recht und ihre Notwendigkeit vernünftig zu begründen.

Damit komme ich zur dritten oder ersten Stelle, an der Strauss die Bestimmung »theologisch-politisch« im eigenen Namen verwendet, um seine Ausgangslage, sein Thema und sein Vorhaben zu charakterisieren. In einer enigmatischen Fußnote zu *Philosophie und Gesetz* wirft Strauss 1935 gleichsam im Vorübergehen die Frage nach dem angemessenem philosophischen Umgang mit dem theologisch-politischen Problem auf. Eine radikale Kritik des modernen »Kultur«-Begriffs, als dessen eine Crux er die »Tatsache der Religion« und als dessen andere er die »Tatsache des Politischen« benennt, sei nur, erklärt Strauss, in der Form eines »theologisch-politischen Traktats« möglich. Ein solcher Traktat müsse allerdings, »wenn er nicht wieder zur Grundlegung der Kultur führen soll, die genau entgegengesetzte Tendenz wie die theologisch-politischen Traktate des siebzehnten Jahrhunderts, besonders diejenigen von Hobbes und Spinoza« haben.[8] Die Stoßrichtung der theologisch-politischen Traktate des 17. Jahrhunderts zielte auf die Wiedergewinnung und die dauerhafte Befestigung der *libertas philosophandi* vermittels einer wirksamen Trennung der Politik von der Theologie. Frieden und Sicherheit, so lautete das konzeptionelle Angebot der modernen Philosophie im säkularen Bündnis mit dem politischen Souverän, ließen sich auf dem Wege fortschreitender Naturbeherrschung und der durch sie ermöglichten Umgestaltung der menschlichen Lebensverhältnisse im ganzen erreichen. Das für die planmäßige Eroberung der Natur und die rationale Neuordnung der Gesellschaft erforderliche zuverlässige und handhabbare Wissen würde die Philosophie zur Verfügung stellen, während der Souverän für den politischen Schutz aufzukommen hätte. Innerhalb dieses übergreifenden Projekts übernahm der Kampf der theologisch-politischen Traktate gegen das »Reich der Finsternis« und den »Aberglauben« die Spitze. Was mit der Emanzipation der Politik von der Theologie beginnt, mündet nach der erfolgreichen Freisetzung einer Welt zunehmender Zweckrationalität und wachsender Prosperität schließlich in einen Zustand der Verständnislosigkeit und der Gleichgültigkeit gegenüber dem ursprünglichen Sinn der theologisch-politischen Kritik, einen Zustand, in dem die Forderungen der Politik mit der gleichen Fraglosigkeit zurückgewiesen werden wie die der Religion. Seinen weithin sichtbaren Ausdruck findet dieser Zustand in der Existenz des Bourgeois, der sich gegen alle Ansprüche, die aufs Ganze gehen, verschließt, und in einer Philosophie,

8 *Philosophie und Gesetz.* Berlin 1935, p. 31, *Gesammelte Schriften.* Band 2, p. 30/31 n. 2; cf. *Jerusalem and Athens* (1967) in: *Studies in Platonic Political Philosophy*, p. 147–149.

die die Frage *Warum Philosophie?* nicht mehr zu beantworten weiß. Ein theologisch-politischer Traktat mit der »genau entgegengesetzten Tendenz« der Traktate, welche die historische Entwicklung zur liberalen »Kultur« grundlegten – ohne daß sie sich in dieser Grundlegung erschöpften[9] – hätte demnach die Ansprüche, die die »ursprünglichen Tatsachen« der Politik und der Religion beinhalten, in aller Deutlichkeit wieder ins Bewußtsein zu rufen und den Zusammenhang neu verständlich zu machen, der zwischen beiden besteht.

Wenn Strauss von einem theologisch-politischen Traktat spricht, spricht er von einer philosophischen Schrift, die sich der theologischen und der politischen Alternative stellt und in der Auseinandersetzung mit den Forderungen der Politik und der Religion zur Philosophie hinführt. Der theologisch-politische Traktat hat, mit anderen Worten, einen sowohl elenktischen als auch protreptischen Charakter. Wo aber kann die Prüfung ansetzen, wo findet die Philosophie ihren Widerhalt, wenn die anspruchsvolle Alternative nicht länger präsent ist oder wenn ihre Konturen im Vielerlei der bloßen Privatsachen, in dem alles mit allem kompatibel erscheint, bis zur Unkenntlichkeit verschwimmen? Muß der philosophischen Überschreitung unter solchen Bedingungen nicht eine Gegen-Gründung vorausgehen, deren Urheber der Philosoph selbst ist? So wie Rousseau, Hegel oder Nietzsche etwa auf die Existenz des Bourgeois mit politischen Gegenentwürfen antworteten und die Begabtesten unter ihren Lesern und Zuhörern, indem sie deren Ungenügen an den bestehenden Verhältnissen eine neue Richtung gaben, für die Philosophie gewannen? Strauss hat weder eine Gründung unter Berufung auf die Offenbarung – auf eine der konkurrierenden Offenbarungstraditionen – nach dem Vorbild Alfarabis oder Maimonides' versucht, noch konnte er sich zu einem politischen Gegenentwurf verstehen. Für das erstere fehlten alle historischen Voraussetzungen, ge-

---

9 Cf. meine Schrift *Die Denkbewegung von Leo Strauss*. Stuttgart–Weimar 1996, p. 26, 34, 42/43.

gen das letztere sprachen die politischen Erfahrungen, die die früheren Gegenentwürfe zeitigten. Denn Rousseau, Hegel und Nietzsche hatten dem Prozeß, der zur »Kulturphilosophie« beziehungsweise zur »Postmoderne« führte, nicht Einhalt geboten, sondern, was das geschichtliche Ergebnis anbelangt, im Gegenteil zu seiner Verschärfung beigetragen. Von politischen Überlegungen im engeren Sinne ganz zu schweigen. Die entscheidende Schwäche eines jeden politischen Gegenentwurfs von Rang unter Bedingungen der Moderne war im übrigen von Rousseau im zweitletzten Kapitel von *Du contrat social* in einer Art und Weise offengelegt worden, daß sie sich nicht mehr vergißt.

Erschien eine Gründung geschichtlich ausgeschlossen, so konnte doch eine geschichtliche Gründung »wiederholt«, nämlich in ihren fundamentalen Prinzipien gedacht werden. Ebendas war es, was Strauss in *Philosophie und Gesetz* unternahm. Die Aussage Avicennas, daß die Behandlung der Prophetie und des göttlichen Gesetzes in Platons *Nomoi* enthalten sei, eröffnete Strauss einen neuen Zugang nicht nur zu den mittelalterlichen Philosophen Alfarabi, Avicenna, Averroes und Maimonides, sondern auch zu Platon. Die Sentenz, auf die Strauss 1929 oder 1930 bei der Lektüre von Avicennas Schrift *Über die Teile der Wissenschaft* gestoßen war und die er mehr als vier Jahrzehnte später seinem letzten Buch, dem Kommentar zu den *Nomoi*, dem »frömmsten« und dem »ironischsten von Platons Werken«, als Motto voranstellen sollte,[10] besagte nichts Geringeres, als daß Platon lange vor dem Einbruch der Offenbarungsreligionen in die Welt der Philosophie über die Mittel verfügte, deren die Philosophen des Mittelalters bedurften und deren sich die platonischen politischen Philosophen bedienten, um die geschichtliche Herausforderung zu meistern, mit der sie konfrontiert waren: d.h. um sie

---

10 *The Argument and the Action of Plato's »Laws«.* Chicago 1975, p. 1 und 2; *On Abravanel's Philosophical Tendency and Political Teaching* (1937) in: *Gesammelte Schriften.* Band 2, p. 198; cf. *The Spirit of Sparta or the Taste of Xenophon,* Social Research, 6, no. 4, November 1939, p. 530–532.

philosophisch zu verstehen und um sie politisch zu ihrem Besten und zum Besten ihrer Gemeinwesen zu wenden. Die arabischen Philosophen und Maimonides standen in der Nachfolge Platons, wenn sie das göttliche Gesetz, die Vorsehung und den Propheten als Gegenstände der Politik begriffen; sie stützten sich auf die *Nomoi*, wenn sie die Lehre von der Offenbarung, die Doktrin der partikularen Providenz und die Prophetologie als Teile der Politischen Wissenschaft (und nicht etwa der Metaphysik) behandelten; sie bewegten sich im politisch-philosophischen Umkreis der *Politeia*, wenn sie die Gründung der »vollkommenen Stadt« als die raison d'être der Offenbarung betrachteten. In diesem Sinne kann Strauss davon sprechen, daß wir bei Platon die »ungläubige, philosophische Grundlegung des Offenbarungsglaubens in ihrem Ursprung« erfassen. Das Unterfangen, den Offenbarungsglauben grundzulegen, unterscheidet den Rationalismus der platonischen politischen Philosophen vom modernen Rationalismus, der nicht weniger an einer natürlichen Erklärung interessiert, der nicht weniger um ein philosophisches Verständnis des Offenbarungsglaubens bemüht war, der die Auseinandersetzung aber nicht aus der Sicht des Gründers führte.[11] Außerdem beginnt der vormoderne Rationalismus im Unterschied zu den theologisch-politischen Traktaten des 17. Jahrhunderts die Auseinandersetzung beim Nomos oder beim Gesetz im ursprünglichen Verstande, bei der umfassenden Ordnung des Gemeinwesens, die Religion und Politik in sich vereint und als religiöses, politisches, moralisches Gesetz den Einzelnen ganz, existentiell in Anspruch nimmt. Er begründet das Gesetz, um über das Gesetz hinauszugelangen. Wenn die philosophische Begründung des Gesetzes der Modus ist, um das Gesetz als die politisch-theologische Ordnung des Gemeinwesens von Grund auf zu verstehen, so ist sie zu-

---

11 *Philosophie und Gesetz*, p. 65, *Gesammelte Schriften*. Band 2, p. 64; siehe außerdem p. 49, 86, 118; *The Argument and the Action of Plato's »Laws«*, p. 7–11. Cf. *Thoughts on Machiavelli*, p. 288–290, 291/292; ferner *Die Denkbewegung von Leo Strauss*, p. 26.

gleich der Locus, an dem sich die Frage nach den Voraussetzungen und dem Recht des philosophischen Lebens in aller Schärfe stellt. Die philosophische Begründung des Gesetzes wird für die platonischen politischen Philosophen des Mittelalters zur Grundlegung der Philosophie. Im Gewand einer historischen Vergegenwärtigung macht *Philosophie und Gesetz* das theologisch-politische Problem zum Gegenstand einer philosophischen, ganz auf die Sache selbst gerichteten Reflexion und lotet so die Erkenntnischancen aus, welche die Abwendung von der »durch ein mächtiges Vorurteil sanktionierten Prämisse, daß eine Rückkehr zur vormodernen Philosophie unmöglich sei,«[12] bereit hielt. Die Entdeckung der Avicenna-Sentenz hatte für Strauss ein Tor aufgestoßen, das ihm noch bei der Niederschrift des Spinoza-Buches 1925–1928 fest verschlossen erschien. Sie zeigte ihm eine Möglichkeit, im Rückgang auf die Geschichte der Philosophie zu einer genuin philosophischen Antwort auf die Herausforderung des Historismus zu gelangen.

Philosophie und Gesetz bildet den Auftakt zu einer langen Reihe von theologisch-politischen Traktaten, mit denen Strauss die entgegengesetzte Tendenz verfolgt wie die Traktate der neuzeitlichen Aufklärung, und die »Wiederholung« der neu verstandenen Gründung aus dem Geist der mittelalterlichen Aufklärung ist nur eine Form, die Strauss für sein Vorhaben wählt. Allen Schriften, die auf *Philosophie und Gesetz* folgen, ist indes gemeinsam, daß Strauss die theologische und die politische Herausforderung theoretisch so stark macht, wie er sie machen kann. Ebenso durchgängig betont er in ihnen den unaufhebbaren Gegensatz, der zwischen dem philosophischen Leben und dessen mächtigster Alternative, dem Offenbarungsglauben, besteht. Beides, das intellektuelle Starkmachen der Alternativen wie die scharfe Betonung des tiefsten Gegensat-

---

12 *Preface to Spinoza's Critique of Religion* in: *Liberalism Ancient and Modern*, p. 257, *Gesammelte Schriften*. Band 1, p. 54. – Den Gedankengang dieses Absatzes habe ich im Vorwort zu Band 2 der *Gesammelten Schriften* entwickelt. Er ist dort mit näheren Nachweisen versehen.

zes, geschieht in der Absicht, dem Ausweichen vor der wichtigsten Frage entgegenzuwirken. Das Starkmachen der Alternativen und die Betonung des tiefsten Gegensatzes sind Strauss' Antwort auf die »wahrhaft Napoleonische Strategie«, in der die Aufklärung nach dem Sieg trachtete, indem sie an der scheinbar uneinnehmbaren Festung der Orthodoxie vorbeizog, um ihre Kraft im Erschaffen einer neuen Welt unter Beweis zu stellen, darauf vertrauend, daß die Position des Feindes sich historisch »erledigen« würde. Denn diese Strategie des Umgehens und Ausklammerns führte nach Strauss' Urteil nicht zufällig dazu, daß in der Mitte der Philosophie phantastische politische Hoffnungen aufkommen und tiefe religiöse Sehnsüchte Wurzeln schlagen konnten.[13] Strauss antwortet mit seinem theologisch-politischen Unternehmen auf eine besondere geschichtliche Konstellation: auf die politische Gefahr, die aus der liberalen Kultur erwuchs, einerseits, auf die theoretische Herausforderung, die der radikale Historismus darstellte, andererseits. Er schreibt seine theologisch-politischen Traktate Aug' in Aug' mit der Politik- und Selbstvergessenheit der Philosophie des 20. Jahrhunderts. Aber er stellt sie nicht in den Dienst eines politischen Projektes im engeren Sinne. Anders als die theologisch-politischen Traktate des 17. Jahrhunderts, deren politische Intention schon von den Vertretern der moderaten Aufklärung nicht mehr angemessen verstanden wurde, bieten die Traktate von Strauss, die die »genau entgegengesetzte Tendenz« verfolgen wie jene Meisterwerke der radikalen Aufklärung der Moderne, die Philosophie nicht zu Zwecken der Politik auf; sie wenden sich der Politik vielmehr um der Selbstbesinnung der Philosophie willen zu; sie haben ihre Adressaten weder in den Staatsmännern der Gegenwart noch in den Führern der Revolution

---

13 *Philosophie und Gesetz*, p. 21, *Gesammelte Schriften*. Band 2, p. 20; *Philosophy as Rigorous Science and Political Philosophy* (1971) in: *Studies in Platonic Political Philosophy*, p. 33/34; *Note on the Plan of Nietzsche's »Beyond Good and Evil«*, ibid., p. 181; *Existentialism* (1956), Interpretation, 22, no. 3, 1995, p. 315, 317/318.

der Zukunft; sie unternehmen keinen Versuch, die Aufmerksamkeit politisch vielversprechender und ehrgeiziger Leser nachhaltig auf sich zu lenken, indem sie deren politischen Idealismus beflügelten oder deren Herrschaftswillen näherten; sie arbeiten keine Theorie der Politik aus, und sie entwerfen kein Leitbild der »vollkommenen Stadt«, das geeignet wäre, Identifikation und Hingabe zu heischen; sie werben, mit einem Wort, nicht für das politische Leben, wie das die Schriften der politischen Philosophen der Vergangenheit auf den ersten Blick mit Nachdruck taten. Durch die geschichtliche Erfahrung eines anderen belehrt, ist Strauss nicht bereit, den Preis zu entrichten, den Platon, Cicero, Marsilius von Padua, Machiavelli, Rousseau, Hegel oder Nietzsche für ihre Lehren der politischen Gründung und ihre Entwürfe der Gegen-Gründung zu entrichten bereit waren.[14] Auch Strauss' vielberufene »Rückkehr« zu Platon und Aristoteles – denen in seinem Œuvre nicht zufällig Xenophon und Aristophanes zur Seite treten – hat nichts mit dem Vorhaben einer politischen Restitution zu schaffen. Um es pointiert zu sagen: das einzige politische Vorhaben, der einzige politische Akt von Tragweite, zu dem sich Strauss verstand, nachdem er sich von den politischen Aktivitäten und nationalistischen Aspirationen seiner frühen Jahre verabschiedet hatte,[15] war die Gründung einer Schule, als der Ruf auf den Lehrstuhl für Politische Philosophie an der University of Chicago 1949 die Gelegenheit bot; und er wird sich bei dieser politischen Entscheidung des Preises nicht weniger bewußt gewesen sein, den er zu bezahlen hatte.[16]

---

14 Cf. *Restatement on Xenophon's »Hiero«* (1954) in: *On Tyranny. Revised and Enlarged.* Glencoe, Ill. 1963, p. 220/221. Siehe *Die Denkbewegung von Leo Strauss*, p. 27/28.

15 Siehe *Vorwort des Herausgebers zur zweiten Auflage* in: *Gesammelte Schriften.* Band 1, p. XV–XX; sowie *Vorwort des Herausgebers* in: *Gesammelte Schriften.* Band 2, p. XXIX und meine Münchner Antrittsvorlesung *Warum Politische Philosophie?* Stuttgart–Weimar 2000, p. 28–30.

16 Cf. Brief an Jacob Klein vom 12. Juli 1949, *Gesammelte Schriften.* Band 3, p. 597.

Strauss' theologisch-politisches Unternehmen steht ungeteilt im Dienst der Selbstverständigung und der Begründung der Philosophie. Ihre vorzüglichen Adressaten haben seine Untersuchungen, seine Traktate, seine Kommentare in Lesern, die fähig und willens sind, die Anstrengung jener Selbstverständigung auf sich zu nehmen und die Aufgabe dieser Begründung zur eigenen Sache zu machen. Mit der Konzentration auf die Frage der Begründung des philosophischen Lebens geht einher, daß andere Aspekte des theologisch-politischen Problems – das Verhältnis von Politik und Religion im wohlgeordneten Gemeinwesen, der Schutz und die Verteidigung der Philosophie oder die Sicherung ihrer zukünftigen Existenzgrundlagen – in den Hintergrund treten. Und aus der bevorzugten Ansprache der philosophischen Adressaten, aus der Hinwendung zu verwandten Naturen, erklären sich Besonderheiten der Gewichtung und der Rhetorik, die für Strauss' Behandlung des Themas charakteristisch sind. Zwei Besonderheiten vor allem sollen uns beschäftigen: Zum einen Strauss' beharrlicher Hinweis auf die Notwendigkeit, zu einer Widerlegung der Offenbarung zu gelangen, und seine nicht minder beharrliche Zurückhaltung, die Möglichkeiten einer solchen Widerlegung selbst auszuführen. Zum anderen die übergreifende Tendenz, die nicht nur diesen auffälligen Kontrast grundiert, den Argumentationsdruck für die eigentlichen Adressaten seiner Untersuchungen nach Kräften zu erhöhen und die intellektuelle Lage der Philosophie als denkbar schwierig und angespannt darzustellen.

Beginnen wir beim zweiten Punkt. Um dem Ausweichen vor der wichtigsten Frage, der Frage nach dem richtigen oder dem besten Leben, entgegenzuwirken, macht Strauss die Herausforderung durch den Offenbarungsglauben nicht nur so stark, wie er sie machen kann. Er macht sie zuweilen stärker, als sie tatsächlich ist, oder er läßt, was auf dasselbe hinausläuft, die Position der Philosophie schwächer erscheinen, als diese sich bei genauerer Betrachtung erweist. In einer berühmten Stelle der drei berühmten Absätze, in denen Strauss gegen Ende des *Preface to Spinoza's Critique of Religion* die Ergebnisse seines 1928 abgeschlossenen Spinoza-Buches »zusammenfaßt«, schreibt er über das Scheitern des Anspruchs von Spinozas *Ethica*, die Orthodoxie auf dem Wege des zwingenden philosophischen Systems zu widerlegen: »Certain it is that Spinoza cannot legitimately deny the possibility of revelation.« Daran schließt Strauss die allgemeine Aussage an: »But to grant that revelation is possible means to grant that the philosophic account and the philosophic way of life are not necessarily, not evidently, the true account and the right way of life: philosophy, the quest for evident and necessary knowledge, rests itself on an unevident decision, on an act of the will, just as faith.«[17] Die drei Wörter »just as faith« scheinen das Urteil über die Philosophie zu sprechen, deren Unterlegenheit gegenüber dem Offenbarungsglauben festzustellen. Denn »just as faith« suggeriert – obgleich Strauss dies ausdrücklich *nicht* sagt –, daß es sich bei der Philosophie nur um eine Position des Glaubens handelt, die im Vergleich zum Offenbarungsglauben, dem sie entgegentritt, die Schwäche hat, daß sie sich ihren Glaubenscharakter nicht eingestehen will. Der Glaube der Philosophie unterschiede sich demnach vom Glauben der Offenbarung durch einen Mangel an Redlichkeit. Stellen wir die Frage, welche Konsequenzen es für die Philosophie hätte, wenn sie auf einen Willensakt gegründet wäre, für einen Augenblick zurück, und sehen wir uns an, wie sich der Vergleich aus der Sicht der vermeintlich überlegenen Position des Offenbarungsglaubens ausnimmt. Beruht der Glaube für den Gläubigen auf einer nicht evidenten Ent-

---

17 *Preface to Spinoza's Critique of Religion* in: *Liberalism Ancient and Modern*, p. 255, *Gesammelte Schriften*. Band 1, p. 51. – In der Erstveröffentlichung des *Preface*, die den Text in 42 statt 54 Absätze gliedert, findet sich die »Zusammenfassung« der früheren Ergebnisse nicht in den letzten 3, sondern in den letzten 2 Absätzen, die dem abschließenden Absatz vorangehen. Der Wortlaut der Stelle weicht dort geringfügig ab: »... an act of the will, just as faith does.« *Spinoza's Critique of Religion*, p. 29. Die definitive Fassung verstärkt den Eindruck des Urteils, das über die Philosophie gesprochen zu werden scheint.

scheidung, oder gilt er ihm als das Werk dessen, der die Wahrheit ist? Kann er sich damit zufriedengeben, daß der Offenbarungsglaube auf einen Akt des Willens zurückgeht? Darf er sich den Glauben als Tat seines Willens selbst zusprechen? Oder erliegt er damit der Versuchung des Stolzes? Verlangt der Gehorsam gegen den Gott der Offenbarung nicht, das Laster des Stolzes zu überwinden und sich in der Tugend der Demut zu üben? Die Demut aber, die ihre Vollendung als Tugend des Gehorsams darin findet, daß sie sich als Tugend nicht erkennt, bewährt sich darin, daß sie den Glauben der Gnade Gottes zuschreibt. Wenn die Demut dem Gläubigen zu glauben gebietet, daß der Glaube auf einem Akt des unergründlichen Willens Gottes beruht, muß ihm schon die Gewißheit seines Glaubens zum Zeichen des Stolzes werden. Ein Glaube, der sich nicht wissen kann, und eine Tugend, die ihre wahre Bestimmung im Nichtwissen hat, führen notwendig zu einem Circulus vitiosus. Seine Bahn ist durch die Aufgabe vorgezeichnet, um die Reinheit des Herzens oder das gute Gewissen zu bewahren, Gnade und Gerechtigkeit, Demut und Stolz, den eigenen Willen und den Willen Gottes unterscheiden zu sollen. Das Problem, um das er immer aufs neue kreist, ist das Problem von Redlichkeit und Selbstbetrug.

Strauss fährt in der zitierten Aussage nach den drei Wörtern »just as faith« fort: »Hence the antagonism between Spinoza and Judaism, between unbelief and belief, is ultimately not theoretical, but moral.« Was »ultimately« meint, wird am Ende des dritten Absatzes der »Zusammenfassung« präzisiert: »The last word and the ultimate justification of Spinoza's critique«, heißt es dort, »is the atheism from intellectual probity which overcomes orthodoxy radically by understanding it radically, that is, without the polemical bitterness of the Enlightenment and the equivocal reverence of romanticism.« Diesem Schluß der »Zusammenfassung«, der wörtlich aus der Einleitung zu *Philosophie und Gesetz* von 1935 übernommen ist, setzt Strauss 1962 einen einzigen neuen Satz hinzu, in dem er seine Kritik des »Atheismus aus intellektueller Redlichkeit« und mithin seine Kritik des schließlichen Ergebnisses der geschichtlichen Entwicklung kulminieren läßt, welche die Behandlung des theologisch-politischen Problems in der modernen Philosophie aus sich hervortreibt: »Yet this claim, however eloquently raised, cannot deceive one about the fact that its basis is an act of will, of belief, and that being based on belief is fatal to any philosophy.«[18] Aus dem Antagonismus zwischen Unglaube und Glaube ist jetzt eine Opposition geworden, in der Glaube gegen Glaube steht. Von der Philosophie Spinozas, die mit dem Versuch gescheitert war, die Möglichkeit der Offenbarung durch ein umfassendes System zu widerlegen, das für einen unergründlichen Gott keinen Raum lassen würde, hatte Strauss gesagt, sie beruhe »on an unevident decision, on an act of the will, just as faith«, jedoch in Rücksicht auf sie auch danach ausdrücklich von »unbelief« gesprochen. Von der Philosophie in der Nachfolge Nietzsches hingegen, die keine ernsthafte Anstrengung mehr unternimmt, die Möglichkeit der Offenbarung zu widerlegen, sondern sich bei ihrer Grausamkeit gegen sich selbst beruhigt und sich den Glauben aus Redlichkeit verbietet,[19] sagt er, »its basis is an act of will, of belief«. Worauf die Differenz zwischen jener Philosophie, die auf einem »Akt des Willens« beruhte, und dieser Philosophie, die auf einen »Akt des Glaubens« gegründet ist, zurückgeht, hat Strauss im letzten Absatz der »Zusammenfassung« in großer Deutlichkeit ausgesprochen: »A new kind of fortitude which forbids itself every flight from the horror of life into comforting delusion, which accepts the eloquent descriptions of ›the misery of man with-

18 *Preface to Spinoza's Critique of Religion*, p. 256, *Gesammelte Schriften*. Band 1, p. 53. Siehe dazu *Philosophie und Gesetz*, p. 28, *Gesammelte Schriften*. Band 2, p. 26.
19 Cf. *Preface to Spinoza's Critique of Religion*, p. 235, *Gesammelte Schriften*. Band 1, p. 21: »The controversy can easily degenerate into a race in which he wins who offers the smallest security and the greatest terror and regarding which it would not be difficult to guess who will be the winner. But just as an assertion does not become true because it is shown to be comforting, it does not become true because it is shown to be terrifying.« Siehe Friedrich Nietzsche: *Zur Genealogie der Moral* III, Aph. 27.

out God‹ as an additional proof of the goodness of its cause, reveals itself eventually as the ultimate and purest ground for the rebellion against revelation. [...] This final atheism with a good conscience, or with a bad conscience, is distinguished from the atheism at which the past shuddered by its conscientiousness. Compared not only with Epicureanism but with the unbelief of the age of Spinoza, it reveals itself as a descendant of biblical morality.«[20] Was die Philosophie der Zeit Heideggers von der Philosophie früherer Zeiten unterscheidet, ist ihre Moralität. Was sie auf Glauben gegründet sein läßt, sind ihre unbefragten moralischen Voraussetzungen. Was ihre Schwäche gegenüber dem Offenbarungsglauben ausmacht, ist die unzureichende Auseinandersetzung mit den moralischen und politischen Meinungen, die nicht nur für ihr Gegenüber bestimmend sind, sondern von denen sie sich selbst bestimmen läßt.[21]

Kehren wir zu unserem Argument zurück und betrachten wir ein anderes Beispiel für Strauss' Tendenz, den Druck auf die Philosophie durch die kontrastierende Stärkung des Offenbarungsglaubens zu erhöhen. »If philosophy cannot justify itself as a rational *necessity*«, heißt es, weiterreichend formuliert als in der zuvor angeführten Stelle aus dem *Preface* von 1962, im Vortrag *Reason and Revelation*, mit dem sich Strauss 1948 an die Theologen vom Hartford Seminary und an Karl Löwith wendet, »a life devoted to the quest for evident knowledge rests *itself* on an unevident assumption – but

---

20 *Preface to Spinoza's Critique of Religion*, p. 256, *Gesammelte Schriften*. Band 1, p. 53. Vergleiche *Philosophie und Gesetz*, p. 26–28, *Gesammelte Schriften*. Band 2, p. 25/26. Beachte hierzu die vorangegangenen Aussagen: »And is not being based on belief, which is the pride of religion, a calamity for philosophy? Can the new thinking consistently reject or (what is the same thing) pass by revelation?« »The efforts of the new thinking to escape from the evidence of the biblical understanding of man, that is, from biblical morality, have failed. And, as we have learned from Nietzsche, biblical morality, demands the biblical God.« *Preface to Spinoza's Critique of Religion*, p. 236 und 237, *Gesammelte Schriften*. Band 1, p. 23 und 24/25.
21 *Preface to Spinoza's Critique of Religion*, p. 236/237, *Gesammelte Schriften*. Band 1, p. 23–25. Beachte Martin Heidegger: *Phänomenologische Interpretationen zu Aristoteles* (1922), Dilthey Jahrbuch, 6, 1989, p. 246 n. 2.

this confirms the thesis of faith that there is no possibility of *consistency*, of a *consistent life* without faith or belief in revelation.«[22] Was macht das Leben des Offenbarungsglaubens zu einem konsistenten Leben? Kann es als konsistent gelten, insofern es sich ausnahmslos göttlicher Führung überantwortet und seine innere Einheit aus dem Gehorsam gegenüber der Einen, Souveränen Autorität erhält, von der es sich ganz beherrschen läßt? Doch das Leben, das sich in der Offenbarung gegründet glaubt, bedarf wie jedes menschliche Leben notwendig menschlichen Urteils, menschlicher Einsicht, menschlicher Entscheidung. Es muß daher auf menschliche Führung bauen, die durch den Ruf oder die Anrufung Gottes unterbrochen oder überhöht würde, so daß es im besten Fall als ein Mixtum compositum aus menschlicher und göttlicher Führung gelten könnte. Und der Gehorsam gegenüber Gott ist von Anbeginn an auf die Auslegung seines Gebotes und die Deutung seines Willens angewiesen, so daß das Leben aus dem Gehorsam des Glaubens ein Leben im Widerstreit bleibt, im Zwiespalt über die richtige und die falsche Interpretation, in der Zerrissenheit zwischen den Mutmaßungen, welche die eigene Subjektivität, und den Forderungen, welche die unterschiedlichen menschlichen Autoritäten in ihrer jeweiligen Subjektivität dem Gebot und dem Willen Gottes abzugewinnen suchen. Ist das Leben des Offenbarungsglaubens konsistent, da es nur auf Glauben gegründet sein will und nichts als Glauben zu sein glaubt? Aber das Leben, das sich aus der Wahrheit der Offenbarung verstehen und dieser Wahrheit genügen möchte, muß für sich in Anspruch nehmen, nicht auf irgendeinem, sondern auf wahrem Glauben zu beruhen. Es kann nicht umhin, den wahren Glauben von leichtfertiger Willkür oder hartnäckigem Selbstbetrug einerseits, von bloßem Meinen oder beliebigem Dafürhalten andererseits, schließlich und vor allem von den vielfältigen Versuchungen des Irrglaubens zu unterscheiden. Der Gläubige kann sich nicht damit

22 *Reason and Revelation*, fol. N 4 recto.

35

zufriedengeben, nur zu glauben, daß er glaubt. Alles kommt für ihn darauf an, daß er wahrhaft glaubt und daß er das Wahre glaubt. Oder sollte das Leben des Offenbarungsglaubens allein deshalb konsistent genannt werden, weil seine Inkohärenz durchgängig ist und seine Irrationalität endemisch auftritt? Weil ihm alle Einwände der Vernunft nur ebenso viele Gründe zum Glauben sind? Weil ihm kein Abgrund tief genug sein kann, um nicht die Entschlossenheit zum Sprung davor zu bewähren, und kein Glaubenssatz zu absurd, um nicht die Glaubensstärke daran zu erproben? »Denn gerade das Absurde ist der Gegenstand des Glaubens und das einzige, was sich glauben läßt.«[23] Das Leben des Offenbarungsglaubens fände seinen wahren Zusammenhalt und seine letzte Sicherheit demnach im *credo quia absurdum*, in einem Glauben, dem alles als möglich erscheint, weil er nichts als notwendig erkennt.[24]

Wenn Strauss von der These des Glaubens spricht, es gebe keine Möglichkeit, ohne den Offenbarungsglauben ein konsistentes Leben zu führen, geht es ihm einzig um die Konsistenz der Philosophie. Den Glauben faßt Strauss ins Auge, sofern er eine Herausforderung für das philosophische Leben sein kann. Die Offenbarung findet sein Interesse, sofern sie ihn selbst, in seiner Sache und in seiner Existenz, in Frage zu stellen vermag. Daraus erklärt sich die scheinbare »Gleichgiltigkeit gegen den Inhalt der Offenbarung«, die einem Kritiker früh an Strauss auffiel. Während für den Gläubigen *alles* von den materiellen Bestimmungen der Offenbarung abhängt, ist es für Strauss so, daß, um unseren Kritiker noch einmal zu zitieren, auf sie »*nicht sonderlich viel* ankommt. Ob es sich um jüdische oder christliche Offenbarung handelt, macht

23 Sören Kierkegaard: *Abschließende unwissenschaftliche Nachschrift zu den Philosophischen Brocken. Gesammelte Werke.* 16. Abteilung, Band 1. Düsseldorf/Köln 1957, p. 202.
24 Cf. Tertullian: *De carne Christi* V (*Opera omnia.* Ed. Migne. Paris 1866, II, 805B–807B); ferner Leo Schestow: *Athen und Jerusalem.* Graz 1938, p. 38, 272/273 und 496.

keinerlei Unterschied.«[25] Angesichts der Tatsache, daß Judentum, Christentum und Islam in ihrer Verneinung des philosophischen Lebens übereinstimmen, ist der Streit, den die konkurrierenden Offenbarungstraditionen über die Wahrheit des Glaubens untereinander austragen und der selbstredend nur inhaltlich, nur auf der doktrinalen Ebene ausgetragen werden kann, für Strauss von nachgeordneter Bedeutung. Er betrifft ihn nicht als Philosophen.[26]

Die Konsistenz-Forderung, die Strauss an die Philosophie richtet, entspringt nicht einem allgemeinem Ideal vom konsistenten Leben, worin dessen Geschlossenheit, Ganzheit und Glück auch bestehen mag. Sie zielt auf die rationale Begründung der Philosophie, oder in Strauss' Formulierung: auf die Begründung der Philosophie als einer rationalen Notwendigkeit. Welche Konsequenzen hätte es für die Philosophie, wenn sie auf einer nicht evidenten Annahme, auf einer nicht evidenten Entscheidung oder auf einem Akt des Willens beruhte? Die Antwort auf diese Frage, die die beiden Stellen aus *Reason and Revelation* und dem *Autobiographical Preface* aufwerfen, hängt davon ab, was *beruhen* meint und *welcher Wille* in Rede steht. Wird die Philosophie nicht durch den sich immer neu aktualisierenden Willen aufrechterhalten, dem

25 Julius Guttmann: *Philosophie der Religion oder Philosophie des Gesetzes?* Proceedings of the Israel Academy of Sciences and Humanities, V, 6. Jerusalem 1974, p. 27 (172) (meine Hervorhebung). Guttmanns Kritik zu *Philosophie und Gesetz* entstand zwischen 1940 und 1945 und wurde mehr als zwei Jahrzehnte nach seinem Tod veröffentlicht. Cf. *Gesammelte Schriften.* Band 3, p. 726, 727/728, 764, 765. – Was dem Gläubigen als »Gleichgültigkeit« erscheint, erweist sich bei genauerer Betrachtung als bewußte Distanznahme und schließliche Zurückweisung. Die strukturellen Übereinstimmungen der verschiedenen Offenbarungstraditionen stehen mit Rücksicht auf die Herausforderung, die sie für die Philosophie bedeuten, im Vordergrund. Eine eingehende Analyse ihres Inhalts ist für die Philosophie indes unerläßlich, wenn die Philosophie sich anschickt, die Offenbarung zu widerlegen.
26 Über Spinoza sagt Strauss: »Why does he take the side of Christianity in the conflict between Judaism and Christianity, *in a conflict of no concern to him as a philosopher?*« *Preface to Spinoza's Critique of Religion*, p. 244 (meine Hervorhebung), *Gesammelte Schriften.* Band 1, p. 35. Cf. *Eine Erinnerung an Lessing, Gesammelte Schriften.* Band 2, p. 607.

»natürlichen Verlangen nach Wahrheit«[27] zu folgen und ihm eine konkrete Gestalt in der Zeit zu geben? Könnte das philosophische Leben jemals Konsistenz gewinnen, wenn es nicht von dem Willen getragen würde, den Weg, den der philosophische Eros als den ihm natürlichen und notwendigen Weg erkennt, unbeschadet aller Widerstände, Hindernisse und Ablenkungen zu gehen, weiter zu gehen, bis zum Ende zu gehen? Ist die Philosophie als distinkte, bewußte Lebensweise überhaupt zu denken ohne einen Akt des Willens oder der Entscheidung, der einen Unterschied im Ganzen macht und diesen Unterschied unverlierbar zum Bewußtsein bringt? Der Akt der Entscheidung oder des Willens, auf dem die Philosophie durchaus nicht beruhen darf, wenn ihre Notwendigkeit begründet werden soll, betrifft nicht jenen Anfang oder tiefen Einschnitt, dem das philosophische Leben seine bewußte Besonderheit schuldet. Er bezeichnet vielmehr einen Ausgangspunkt oder Entschluß, der argumentativ nicht eingeholt, dessen Rationalität niemals ausgewiesen wird und der deshalb grundlos bleibt. Was den spezifischen Willen anbelangt, der in der Auseinandersetzung mit der Offenbarung in Frage steht, so haben wir es vor allem mit zwei Optionen zu tun: mit dem Willen zur Redlichkeit einerseits, mit dem Willen zur Sicherheit andererseits.[28] Daß die Redlichkeit oder die Beruhigung bei dem moralischen Verdienst, welches aus der Entsagung, aus dem Opfer, aus der Grausamkeit gegen sich selbst erwächst, zur Begründung der Philosophie nicht hinreicht, hat Strauss in seiner Kritik des »Atheismus aus Redlichkeit« gezeigt. Eine Philosophie, die sich auf die Redlichkeit als »*letzten und reinsten Rechtsgrund*« stützen wollte, beruhte – so wichtig die Redlichkeit im übrigen als *Mittel* für die erfolgreiche Durchführung der philosophischen Unter-

---

27 *Philosophie und Gesetz*, p. 15, *Gesammelte Schriften*. Band 2, p. 14.
28 Zur Unterscheidung des Willens zur Redlichkeit und des Willens zur Sicherheit vom natürlichen Verlangen nach Wahrheit bzw. von der Wahrheitsliebe cf. *Philosophie und Gesetz*, p. 15, 22–24, 26/27, *Gesammelte Schriften*. Band 2, p. 14, 21–23, 25.

suchung, so hilfreich sie als weitertreibende und kontrollieren-
de *Kraft* für die rückhaltlose Selbstbefragung des Philosophen
ist – nicht nur auf einem Willensakt, sondern auf Glauben im
prägnanten Sinn, insofern sie auf der biblischen Moral fußte.
Und die biblische Moral verlangt, »wie wir von Nietzsche ge-
lernt haben«, nach dem biblischen Gott. Wie aber steht es mit
dem Willen zur Sicherheit? Ist er nicht über die moralischen
Befangenheiten des Willens zur Redlichkeit hinaus und aller
biblischen Voraussetzungen ledig? Entspringt er nicht der
Orientierung am Guten, am eigenen Guten? Die Philosophen
haben guten Grund, ihre Sicherheit im Auge zu behalten,
wenn sie mit der Behauptung eines unergründlichen Gottes
konfrontiert werden, eines Gottes also, der, anders als der
Gott der natürlichen Theologie, nicht in Analogie zum Wissen,
zur Einsicht, zur Großherzigkeit der Philosophen gedacht und
als deren Vervollkommnung vorgestellt werden kann, eines
unzugänglichen Gottes, der Irrtum als Sünde verdammen
und das natürliche Streben nach Wissen als Ungehorsam äch-
ten und mit ewigen Strafen bewehren mag. Sie verfolgen ein
berechtigtes Interesse, wenn sie Konzeptionen entwickeln
und Vorkehrungen treffen mit dem Ziel, daß »der Mensch gegen den Zugriff des allmächtigen Gottes geschützt wäre«.[29]
Aber sie können dieses Ziel nicht erreichen, wenn der Schutz
bloß aus Artefakten ihres Willens besteht. Eine im Interesse
der Sekurität kunstreich zurechtgemachte Welt nährt nur die
Illusion von Sicherheit. Sicherheit dagegen ist nicht anders
denn auf der Grundlage der Wahrheit zu erlangen. Der Wille
zur Sicherheit weist, recht verstanden, über sich selbst hinaus. Er muß wie der Wille zur Redlichkeit vom Verlangen
nach Wahrheit, von der Suche nach der Wahrheit in Dienst
genommen werden. Die Philosophie muß beide regieren, den
Willen zur Sicherheit und den Willen zur Redlichkeit. Sie kann
weder auf dem einen noch auf dem anderen beruhen.

29 *Preface to Spinoza's Critique of Religion*, p. 237, *Gesammelte Schriften.*
Band 1, p. 24/25; *Philosophie und Gesetz*, p. 23, 26, *Gesammelte Schriften.*
Band 2, p. 22, 25.

Strauss verschärft die Lage für die Philosophie weiter, indem er die Konsistenz der Philosophie nicht nur bestreitet, soweit sie auf Glauben (auf dem guten Gewissen der Redlichkeit), auf einem Akt des Willens (auf dem Interesse an Sekurität), oder auf einer nicht evidenten Annahme (wie den Setzungen Spinozas im System der *Ethica*) beruht, sondern in Rücksicht auf die Offenbarung schließlich die Evidenz der Suche nach evidenter Erkenntnis selbst in Frage stellt. Denn der Offenbarungsglaube leugnet ebendies: daß *die* Wahrheit der Suche nach evidenter Erkenntnis zugänglich sei, daß sie für unvoreingenommene Beobachter sichtbar gemacht werden könne. Die Wahrheit, die über das Heil des Menschen entscheidet, sei nicht an die Einsicht der Vernunft und an Sinneswahrnehmungen, sondern an die Frömmigkeit, an den Gehorsam des Glaubens, gebunden. Die Offenbarung verneint das Wahrheitskriterium der Philosophie. Sie fordert die Philosophie so radikal heraus, wie die Philosophie nur herausgefordert werden kann. »If there is revelation«, sagt Strauss in *Reason and Revelation*, »philosophy becomes something infinitely unimportant – the *possibility* of revelation implies the *possible meaninglessness* of philosophy. If the possibility of revelation remains an open question, the *significance of philosophy* remains an open question. Therefore, philosophy stands and falls by the contention that philosophy is the One Thing Needful, or the highest possibility of man. Philosophy cannot claim less: it cannot afford being modest.«[30] Deutlicher kann man es schwerlich aussprechen: Wenn die Wahl der Philosophie nicht auf einer nicht evidenten Entscheidung beruhen, wenn ihr Recht und ihre Notwendigkeit vernünftig begründet werden sollen, wird die Widerlegung des Offenbarungsglaubens zur unabdingbaren Aufgabe.

Die Zurückhaltung, die sich Strauss bei der öffentlichen Verhandlung der Frage auferlegte, wie dieses Officium der

---

30 *Reason and Revelation*, fol. N 4 recto. Cf. *Persecution and the Art of Writing*, p. 107; *The Mutual Influence of Theology and Philosophy*, p. 118.

Philosophie zu erfüllen sei, hat dazu geführt, daß Strauss weithin die Position zugeschrieben wird, die Philosophie befinde sich angesichts der Offenbarung in einer Sackgasse, aus der sie sich nur kraft eines dezisionistischen Aktes zu befreien vermag. Eine Zuschreibung, die um so paradoxer erscheinen muß, als kein Philosoph mit größerer Klarheit ausschloß, daß eine blinde, unausgewiesene Entscheidung für das philosophische Leben jemals eine tragfähige Grundlage sein kann. Strauss hat den irreführenden Eindruck, eine dezisionistische Position zu vertreten, nicht nur in Kauf genommen, sondern ihr durch manche Äußerung, die ein Patt zwischen der Philosophie und dem Offenbarungsglauben nahelegte, zusätzlich Nahrung gegeben.[31] Strauss' rhetorische Strategie läßt sich so charakterisieren: Politische Erwägungen[32] bestimmen ihn,

---

31 Inter multa alia: »Philosophy is victorious as long as it limits itself to repelling the attack which theologians make on philosophy with the weapons of philosophy. But philosophy in its turn suffers a defeat as soon as it starts an offensive of its own, as soon as it tries to refute, not the necessarily inadequate proofs of revelation, but revelation itself.« »Generally stated, I would say that all alleged refutations of revelation presuppose unbelief in revelation, and all alleged refutations of philosophy presuppose already faith in revelation. There seems to be no ground common to both, and therefore superior to both.« *The Mutual Influence of Theology and Philosophy*, p. 116, 117.

32 Die politischen Erwägungen bedürfen keiner näheren Erläuterung, soweit die zentralen Gesichtspunkte der Politischen Philosophie in Rede stehen: Schutz und Verteidigung der Philosophie einerseits, die Rolle, die der Religion in einem wohlgeordneten Gemeinwesen zukommt, andererseits. Daß Strauss die möglichen politischen Auswirkungen seiner – scheinbar bloß historischen – Untersuchungen deutlich vor Augen standen, wird durch die Korrespondenz belegt. So schreibt er am 16.2.1938 in einem Brief an Jacob Klein über die Entdeckungen, die er beim Studium des *More Newuchim* von Maimonides gemacht hat: »Wenn ich diese Bombe in einigen Jahren springen lasse (falls ich noch so lange leben werde), so wird ein grosser Kampf entbrennen. Glatzer, der jetzt hier ist, sagte mir, für das Judentum sei Maimonides wichtiger als die Bibel – entzieht man also dem Judentum Maimonides, so entzieht man ihm die Grundlage. (Du verstehst Glatzers Äusserung: in gewisser Weise ist ja auch für die Katholiken Thomas wichtiger als das N.T.) Es wird sich also das interessante Resultat ergeben, dass eine lediglich historische Feststellung – die Feststellung, dass Maim. in seinem Glauben *schlechterdings* kein Jude war – von erheblicher aktueller Bedeutung ist: die prinzipielle Unvereinbarkeit von Philosophie

bei der großen Mehrzahl seiner Leser die Meinung, wenn nicht zu wecken, jedenfalls zu unterstützen, er nehme in der Auseinandersetzung mit dem Offenbarungsglauben eine dezisionistische Haltung ein, während er den philosophischen Adressaten durch das Beharren auf dem Erfordernis einer rationalen Begründung zu verstehen gibt, daß sie sich bei der dezisionistischen Position nicht beruhigen dürfen. Die Vorstellung der Sackgasse oder des Patts, die zu fördern die Besonnenheit in politischer Rücksicht gebietet, ist zugleich willkommen im Hinblick auf die philosophischen Leser von Strauss' theologisch-politischen Traktaten. Für sie birgt das Patt die Aufforderung zum Weiterfragen und zum Selbstdenken, die Sackgasse den Appell, nach Wegen zu suchen, die aus ihr herausführen. Das Œuvre von Strauss zeigt solche Wege auf, oder es weist, wie wir gesehen haben, von ferne und nicht selten e contrario argumentierend auf sie hin. Vier Ansätze seien, obgleich sie vielfach verschränkt sind und ineinandergreifen, in knappen Stichworten unterschieden und, aufs äußerste verkürzt, namhaft gemacht.

und Judentum (im 2. Vers der Genesis ›klar‹ ausgesprochen) wird ad oculos demonstriert werden.« *Gesammelte Schriften.* Band 3, p. 549/550; cf. Strauss' Brief vom 23.7.1938 an Klein, p. 554. Am 20. Mai 1949 schreibt Strauss in einem Brief an Julius Guttmann in Jerusalem: »Was aber Maimonides betrifft, so besteht hier noch eine tiefere Schwierigkeit. Wenn ich mit meiner Vermutung recht habe, war Maimonides in viel radikalerem Sinn ›Philosoph‹ als heute gewöhnlich angenommen wird und als eigentlich fast immer angenommen, oder wenigstens gesagt, wurde. Es taucht hier sofort die Frage auf, inwieweit man verantwortlicherweise diese Möglichkeit öffentlich exponieren darf – eine Frage, die ja das Problem der Esoterik sofort aktuell oder, wie man neuerdings sagt, ›existentiell‹ macht. Dies war einer der Gründe, weshalb ich das prinzipielle Problem der Esoterik – oder das Problem des Verhältnisses von Denken und Gesellschaft – in corpore vili, also an irgendeinem strategisch günstigen, nicht-jüdischen Gegenstand darlegen wollte. Ich wählte Xenophon, teils wegen des Zusammenhangs mit dem Problem des Sokrates, teils weil die Vermutung gilt dass, wenn *sogar* Xenophon, dieser scheinbar harmlose Schriftsteller, dann umso mehr ... Die kleine Schrift [*On Tyranny*] ist eine Vorstudie. Ich möchte irgendwann einmal die Interpretation der vier Sokratischen Schriften Xenophons fertigstellen.« Leo Strauss Papers, Box 4, Folder 8.

Die Auseinandersetzung mit dem Wissensanspruch des Offenbarungsglaubens oder die Konzentration auf die Moral. Die Philosophie sucht einen gemeinsamen Boden zu gewinnen, auf dem die Auseinandersetzung mit dem Offenbarungsglauben über Behauptungen ausgetragen werden kann, die einer Untersuchung zugänglich sind. Sie findet ihn vor allem in den Meinungen, die der Gläubige zur Moral und zu deren zentraler Bedeutung vorbringt, und unterzieht das Wissen, das der Offenbarungsglaube in Dingen der Moral und, in Verbindung mit ihnen, in Rücksicht auf die Stimme des Gewissens oder den Ruf und die Präsenz Gottes beansprucht, einer eingehenden Prüfung. Die Mittel der sokratischen Dialektik, die in der Prüfung der Meinungen über die Gerechtigkeit auf deren innere Widersprüche und notwendigen Voraussetzungen erprobt wurden, sind für diesen Ansatz einschlägig. Es kann daher nicht überraschen, daß die beiden späten Bücher *Xenophon's Socratic Discourse* und *Xenophon's Socrates*[33] für ihn besonderes Gewicht haben.[34] Eine bündige Formulierung des Ausgangspunktes und des Leitgedankens gibt Strauss indes schon in den Notizen zu *Reason and Revelation*: »Faith as faith *must* make assertions which can be *checked* by unbelievers – it *must* be based at *some* point on alleged or real *knowledge* – but that ›knowledge‹ is *necessarily* only *alleged* knowledge, owing to the *basic* fallacy, of faith, the attribution of *absolute* importance to *morality* (the pure heart).«[35]

Die Bestimmung der Grenzen des Möglichen oder die Konzentration auf die Sicherheit. Die Philosophie zeigt, unter wel-

---

33 *Xenophon's Socratic Discourse. An Interpretation of the »Oeconomicus«.* Ithaca 1970; *Xenophon's Socrates.* Ithaca 1972; cf. Strauss' Briefe an Gershom Scholem vom 6. September 1972 und 17. November 1972, *Gesammelte Schriften.* Band 3, p. 762, 764/765.

34 Siehe dazu den wegweisenden Aufsatz von Christopher Bruell: *Strauss on Xenophon's Socrates*, The Political Science Reviewer, XIV, 1984, p. 263–318.

35 *Reason and Revelation*, fol. N 5 recto. Cf. *Natural Right and History*, p. 75–78; *Jerusalem and Athens*, p. 154, 155, 161/162.

chen Annahmen die Artikel des Offenbarungsglaubens – von der Schöpfung der Welt, über einen allmächtigen Gott als Gesetzgeber, Herr der Geschichte und Garant der Gerechtigkeit, bis zu den Wundern und der Vorsehung – möglich sind. Sie führt vor Augen, *was* vorausgesetzt werden muß, um die Möglichkeit der Offenbarung zu verteidigen, wovon mithin die Sicherheit des Offenbarungsglaubens abhängt, an der alle menschliche Sicherheit zuschanden werden soll. Sie gibt dem Offenbarungsglauben die Konzepte, deren er bedarf, um seine theoretische Stärke zu erlangen: die Creatio ex nihilo, ohne die die Allmacht Gottes nicht zu denken ist, und die Unergründlichkeit des göttlichen Willens, ohne die sich die Allmacht und die Allwissenheit, die Güte und die Gerechtigkeit Gottes nicht miteinander vereinbaren lassen. Die Philosophie bestimmt den Preis, der entrichtet werden muß, wenn die Unergründlichkeit alle Widersprüche der göttlichen Attribute versöhnen, wenn Gott an keine intelligible Notwendigkeit gebunden, wenn er Herr über Alles sein soll. Die Vielzahl der Fragen, in denen das Ganze sich für uns artikuliert, fällt in Einer Frage zusammen, und wir sehen uns einem einzigen Fragezeichen gegenüber.[36]

Die Erklärung der Offenbarung oder die Konzentration auf die Politik. Die Philosophie begreift die Offenbarung als ein Werk der Vernunft, als einen Versuch, das Problem des menschlichen Lebens zu lösen, oder genauer: als eine Möglichkeit, die politische Frage des Zusammenlebens im Gemeinwesen zu beantworten. Sie erklärt die Offenbarung, indem sie sie philosophisch grundlegt, oder indem sie die Entwicklung des Offenbarungsglaubens historisch rekonstruiert. Ausgangs-

---

36 *Jerusalem and Athens*, p. 162; *Preface to Spinoza's Critique of Religion*, p. 235, *Gesammelte Schriften*. Band 1, p. 21; *An Untitled Lecture on Plato's »Euthyphron«*, Interpretation, 24, no. 1, 1996, p. 17; *Reason and Revelation*, fol. N 5 recto; *Natural Right and History*, p. 90, 122/123. Cf. mein Buch *Die Lehre Carl Schmitts. Vier Kapitel zur Unterscheidung Politischer Theologie und Politischer Philosophie.* Stuttgart–Weimar 1994, p. 26/27, 137–149.

punkt der philosophischen Grundlegung wie der historischen Rekonstruktion ist die Konzeption des göttlichen Gesetzes. Strauss, der sich zuerst in *Philosophie und Gesetz* und zuletzt in *The Argument and the Action of Plato's »Laws«* mit der philosophischen Grundlegung der Offenbarung befaßt hat, umreißt in *Reason and Revelation* eine Genealogie der Offenbarung. »The task of the philosopher«, heißt es dort, was die Erklärung der Offenbarung angeht, »is to understand how the original (mythical) idea of the θεῖος νόμος is modified by the radical understanding of the moral implication and thus transformed into the idea of revelation.« Im Anschluß entwickelt Strauss die Logik dieser Transformation in elf Schritten vom Bedürfnis des Menschen nach einem Gesetz bis zur Inkarnation Gottes.[37]

Die Konzentration auf die Frage: quid sit deus? Die Philosophie besinnt sich angesichts der Forderungen, Behauptungen, Hoffnungen, Erwartungen der Offenbarungsreligionen auf die Frage, die mit der Philosophie gleichursprünglich ist: *quid sit deus?* Sie fragt, welche Art Gott der Gott des Offenbarungsglaubens sei, der Gott, der unverbrüchliche Gerechtigkeit wahren, unerschütterliche Sicherheit verbürgen, der Gott, dem uneingeschränkter Gehorsam geschuldet, ungeteilte Liebe zugewandt werden soll, der Gott, der diese Liebe wie jenen Gehorsam als Geschenk seiner Gnade spendet und empfängt. Bei ihrer Frage nach der Art läßt sich die Philosophie von dem Wissen leiten, das sie in der Analyse des politischen Lebens gewinnt und an seinen Erfahrungen immer aufs neue überprüfen kann: in der Untersuchung der unterschiedlichen Regierungsformen, der Qualitäten und Interessen der Gesetzgeber, ihrer Tugenden und ihrer Leidenschaften, des Zusammenhangs von Schutz und Gehorsam, des Verhältnisses von Herrschaft und Knechtschaft usw. Und am Ende wird sie sich bei der näheren Bestimmung des *quid*, nach

---

37 *Reason and Revelation*, fol. 9 verso–10 verso; cf. *The Mutual Influence of Theology and Philosophy*, p. 116.

dem die Frage fragt, Rechenschaft darüber ablegen, *was* sie als Gott zu begreifen und anzuerkennen vermag.[38]

Eine Sonderstellung im theologisch-politischen Œuvre von Strauss nimmt die 1966 unter dem Titel *Socrates and Aristophanes* erschienene Auslegung der Komödien des Aristophanes ein. *Socrates and Aristophanes* ist neben *Thoughts on Machiavelli*, dem am sorgfältigsten geschriebenen Traktat über die Offenbarungsreligion, das umfangreichste und erstaunlichste seiner Bücher.[39] Strauss bringt darin die theologisch-politische Kritik zu Gehör, die Aristophanes am vorsokratischen Sokrates übt. Er zeigt auf diese Weise in einer nirgendwo sonst erreichten Klarheit, inwiefern die Sokratische Wende zur Politischen Philosophie, welche die Schriften Platons und Xenophons zum Gegenstand haben, auf jene Kritik antwortet.[40] Das Buch kreist als Ganzes um die Frage *quid sit deus?*, die der Komödiendichter nicht ausspricht, wohl aber aufwirft und mit seinen Mitteln verhandelt.[41] Strauss trug sich mit dem Gedanken, *Socrates and Aristophanes* ein Motto aus Calvins *Institutio christianae religionis* voranzustellen, dessen Interdikt gegen die Frage *quid sit deus?* Strauss mehr als drei Jahrzehnte zuvor in *Die Religionskritik Spinozas* referiert hatte, und zwar, wie er in einem Brief an Seth Benardete rückblickend urteilte, »en pleine ignorance de

38 *Jerusalem and Athens*, p. 162; *The Mutual Influence of Theology and Philosophy*, p. 113; *The City and Man*. Chicago 1964, p. 241; *Thoughts on Machiavelli*, p. 148, 152, 186–189, 198/199, 207/208, 209–211, 214/215, 218/219, 244; *Progress or Return?* Modern Judaism, I, 1981, p. 43; *The Argument and the Action of Plato's »Laws«*, p. 27–31; *Natural Right and History*, p. 122–124.
39 Am 29. Mai 1962 schreibt Strauss an Alexandre Kojève: »[...] I am preparing for publication three lectures on the city and man, dealing with the *Politics*, the *Republic* and Thucydides. Only after these things have been finished will I be able to begin with *my real work, an interpretation of Aristophanes*.« On Tyranny. Revised and Expanded Edition. Including the *Strauss-Kojève Correspondence*. Chicago 2000, p. 309 (meine Hervorhebung).
40 *Socrates and Aristophanes*. New York 1966, p. 4/5, 8, 16, 19, 22/23, 32, 46, 48, 49, 51, 64, 67, 77, 102, 173, 311, 313/314.
41 *Socrates and Aristophanes*, p. 18, 21, 23, 25, 33, 44, 53, 83, 143, 234, 245, 296, 313.

la chose«.[42] Ich weiß nicht, was Strauss bewog, am Ende auf
das Motto zu verzichten. Ich weiß auch nicht, wie er das spe-
zifische Nichtwissen, das seiner Jugendschrift zugrunde lag,
selbst bestimmt hätte. Doch spricht nicht alles dafür, daß die
lebenslange Auseinandersetzung mit dem theologisch-politischen Problem Strauss besser verstehen ließ, was die Philosophie ihren Feinden zu verdanken hat, oder was das »Gute
im Bösen« ist?[43] Wird die Philosophie nicht einzig dadurch zu
einer besonderen und bewußten Lebensweise, daß sie sich
gegen einen autoritativen Einspruch behaupten muß? Lenkt
das Nein Calvins oder Luthers zum *quid sit deus?* die Aufmerksamkeit nicht auf die zentrale Frage? Trifft es nicht das
Richtige?[44] Und, für die Gegenwart gesprochen, ist an den
Grenzen, an denen die Philosophie verneint wird, nicht Wich-
tigeres zu erfahren als innerhalb des neuen Juste Milieu, in

42 »I believe that I should introduce an observation which is apparently
very trivial by a broader reflection. Many years ago I was struck by the fact
that Glaucon while wholly unprepared for the doctrine of ideas, accepted it
almost immediately. A clue is offered by his reference to Momos. In brief,
he is prepared for the ideas by the gods (a certain kind of gods, the gods
who have no proper name proper). Everyone knows that Nike was present
at Marathon, Salamis etc., that she is the same whether sculptured by x or
y, worshipped in a or b etc. (cf. the reference in the Republic to the statue
they are making of the just man). In other words the ideas replace the gods.
For in order to do that the gods must be a prefiguration of the ideas. But
since the doctrine of ideas is not simply a myth, that doctrine must contain
an answer to the question ›what is a god‹. From this I jump to the further
conclusion that the primary and most important application of the question
›what is‹ is the question ›what is a god‹. Needless to say this question is
equipollent to the question ›what is man‹. This conceit supplies the key to
Aristophanes and to many more things. There is a very clear remark on
this subject in Calvin's Institutio which I have summarized en pleine ignorance de la chose in the first two pages of my chapter on Calvin in my Ger-
man book on Spinoza: I plan to use the key sentence of Calvin as a motto to
my book on Aristophanes.« Brief an Seth Benardete vom 17. Mai 1961, in
meinem Besitz. Siehe *Die Religionskritik Spinozas* in: *Gesammelte Schriften*. Band 1, p. 248–250. Cf. *Die Lehre Carl Schmitts*, p. 139 n. 54.
43 Cf. Platon: *Politeia* 373e, 379e.
44 Beachte Luthers Behandlung des *quid sit deus?*, derzufolge das Stellen
dieser Frage unweigerlich auf einen Weg führt, der beim Nichts enden muß.
Siehe dazu im einzelnen: *Die Lehre Carl Schmitts*, p. 138–141. Cf. Strauss'
Brief an Gershom Scholem vom 22. November 1960, *Gesammelte Schriften*.
Band 3, p. 743.

dem, vorläufig, die Parole gilt: »Anything goes«? Calvins Kritik der Neugierde im Namen des Gehorsams des Glaubens und die Kritik an der Achtlosigkeit gegenüber den politischen und religiösen Bedingungen des Gemeinwesens, die Aristophanes seinem Freund Sokrates entgegenhält, kommen, soviel läßt sich gewiß sagen, darin überein, daß sie dem Philosophen Grund geben zur Selbstbefragung und folglich zur Selbsterkenntnis. Nichts aber gibt ihm mehr Grund zur Selbstbefragung, nichts ist eine größere Herausforderung für seine Selbsterkenntnis als der Gott der Offenbarung.

Zur Genealogie des Offenbarungsglaubens

In der Mitte seines philosophischen Lebens, auf dem Höhepunkt einer erneuten, vertieften, eindringlicher denn je geführten Auseinandersetzung mit dem theologisch-politischen Problem skizziert Strauss eine Genealogie des Offenbarungsglaubens. Die Skizze steht in seinem Œuvre einzig da. Sie gehört zum Ertrag eines »Schiffbruchs«, durch den sich Strauss im Sommer 1946 veranlaßt sah, »noch einmal von vorne anzufangen«.[1] Einen luzide formulierten Niederschlag findet die Neubesinnung im Manuskript, das Strauss um die Jahreswende 1947/48 für den Vortrag *Reason and Revelation* verfaßt, und in Notizen aus dem gleichen Jahr, die er für ihn mit heranzieht. Das ausgearbeitete Manuskript kulminiert in der genealogischen Skizze. Sie beschließt einen staunenswert offenen Dialog, in den Strauss den Vortrag für das Theologische

1 Am 15. August 1946 schreibt Strauss in einem Brief an Karl Löwith, er habe »wieder einmal Schiffbruch erlitten« und sehe sich veranlaßt, »noch einmal von vorne anzufangen« (*Gesammelte Schriften.* Band 3, p. 660). Daß der »Schiffbruch« die Auseinandersetzung mit dem Offenbarungsglauben betraf, geht aus Aufzeichnungen von Strauss hervor, die – vor und nach dem Brief an Löwith – gleichfalls im August 1946 entstanden. (Cf. den Beginn des Briefes an Löwith vom 20. August 1946, p. 666.) Das früheste Dokument des »Schiffbruchs« ist vom 11. August 1946 datiert. Die Notiz gibt einen wichtigen sachlichen Hinweis, wodurch die Krise ausgelöst wurde. Da sie Strauss' Haltung und den Geist, in dem er die Neubesinnung begann, schlaglichtartig beleuchtet, sei der Anfang der Aufzeichnung ungekürzt mitgeteilt: »11. 8. 46 / Ich streiche alles, was ich bisher getan habe, hiermit durch – ich muss *wirklich ganz* von vorn anfangen. / Ich muss mir noch einmal klarmachen, was denn die eigentliche Frage ist – und ich muss meine Arbeitspläne entsprechend ändern (soweit ich nicht durch Versprechen – Vorlesungen – gebunden bin). / Bisher habe ich angenommen, dass die Darstellung des ursprüngl[ichen] Philosophie-Begriffs (mit skizzierter Kritik des modernen Philos[ophie]-Begriffs) genügen könnte, da das Recht und die Notwendigkeit der Philos[ophie] für mich feststand. Unter dem Eindruck Kierkegaard's und in Erinnerung an meine früheren Zweifel, muss ich die Frage nochmals und so scharf wie möglich stellen, ob denn das Recht und die Notwendigkeit der Philos[ophie] völlig evident ist. / Da dies der Fall ist, wird viel wichtiger als das Thema ›Socrates‹ und ›Introduction to pol[itical] philos[ophy]‹ – *Philosophy and The Law* oder (vielleicht) *Philosophy or The divine guidance.*« Leo Strauss Papers, Box 11, Folder 11.

51

Seminar in Hartford münden läßt: Im achten und letzten
Gliederungspunkt, der »Revelation cannot refute philosophy«
überschrieben ist, setzt Strauss im unmittelbaren Aufeinan-
dertreffen von Argument und Gegenargument die Philosophie
den Einwänden der Theologie aus, die er für die Philosophie
beantwortet. Insgesamt bringt Strauss sieben theologische
Argumente zur Sprache, wobei die Argumente 3, 4/5 und 6 in
einem förmlichen Dialog zwischen »dem Theologen« und
»dem Philosophen« verhandelt werden. Im Zentrum des Dialogs steht der lakonisch gefaßte Doppeleinwand:

> *The theologian*: philosophy is self-deification; philoso-
> phy has its root in *pride*.
>
> *The philosopher*: if we understand by God the most
> perfect being that is a *person*, there are no gods but the
> philosophers (Sophist in princ: θεός τις ἐλεγκτικός).
> Poor gods? Indeed, measured by imaginary standards. –
> As to »pride,« who is more proud, he who says that *his*
> personal fate is of concern to *the* cause of the universe,
> or he who humbly admits that his fate is of no concern
> whatever to anyone but to himself and his few friends.[2]

Die dialogische Erörterung betrifft sechs theologische Argumente: (1) Das Leben des Menschen ohne Gott, ohne den Gott
der Offenbarung, ist elend. (2) Die Philosophen sind blind für
die Tatsache und die Macht der Sünde. (3) Der Philosoph ver-
hält sich inkonsistent, wenn er die Gültigkeit und Unverzicht-
barkeit strengster moralischer Forderungen nicht zugibt, da
die Wahrheitsliebe, die er für sich beansprucht, radikale
Selbstverleugnung und mithin eine strenge Moral verlangt.

---

2 *Reason and Revelation*, fol. 9 recto. Der lakonischste Einwand des Dialogs enthält, wie die über Kreuz vorgetragene Erwiderung klarmacht, tatsächlich zwei Einwände. Für den Theologen fallen sie zusammen, weil die
Frage nach Gott für ihn wesentlich eine moralisch bestimmte Frage, das
Verhältnis zu Gott am Ende ein Verhältnis des Gehorsams oder des Unge-
horsams ist. Der Philosoph legt das, was der Theologe, lediglich durch ein
Semikolon unterbrochen, zu einem Einwand verbindet, durch einen Gedan-
kenstrich getrennt, in zwei Argumente auseinander. Der Philosoph unterscheidet Person und Ursache, den politisch-moralischen vom kosmologischen
Aspekt, die der Theologe im Schöpfer- und Gesetzgeber-Gott in eins setzt.

(4) Die Philosophie ist Selbstvergöttlichung. (5) Die Philosophie hat ihre Wurzel im Stolz. (6) Das Verständnis, das die Philosophen vom Menschen haben, ist oberflächlich: sie sind außerstande, seine Tiefe zu ergründen, seine Verzweiflung, das, was sich in seinem Verlangen nach Zerstreuung verbirgt und in der Langeweile, die mehr über die Wirklichkeit des Menschen enthüllt als alle seine rationalen Aktivitäten.

Unter der Zwischenüberschrift »*Philosophy cannot explain revelation –?*«[3] setzt Strauss neu an, um das siebte und abschließende Argument vorzutragen: »Perhaps the most impressive theological argument is taken from the insufficiency of the philosophic *explanation* of the belief in revelation.« Aus der Sicht des Theologen besteht der entscheidende Mangel der philosophischen Erklärung darin, daß sie der Einzigartigkeit oder der radikalen Historizität der Offenbarung nicht gerecht zu werden vermag: »Philosophy *must* interpret revelation as a *myth.* I. e. it must overlook the essential difference between myth and revelation.« Die Differenz zwischen dem Mythos und der Offenbarung, die Strauss anhand von vier Gegenüberstellungen erläutert, läßt sich, genauer betrachtet, darauf zurückführen, daß die Offenbarung im Unterschied zum Mythos keine Verbindung zur Natur zu haben scheint: Anders als der Mythos kennt sie keine Spezies von Göttern, sondern nur den Einen omnipotenten Gott, kein unpersönliches Schicksal, das über den Göttern waltet, sondern nur das Handeln Gottes, keine wiederkehrenden Phänomene, sondern absolut einzigartige, unwiederholbare Ereignisse, und im Unterschied zum Mythos, der in keiner besonderen Beziehung zu geschichtlichen Ereignissen steht, ist für die Offenbarung die Bezugnahme auf geschichtliche Ereignisse es-

---

3 *Reason and Revelation*, fol. 9 verso. Alle Zitate, die ohne näheren Nachweis folgen, sind dem Abschnitt »*Philosophy cannot explain revelation –?*« entnommen und finden sich auf den Seiten fol. 9 verso, 10 recto und 10 verso. – Die Zwischenüberschrift lautete zunächst: »*Philosophy cannot refute revelation –?*« Danach ersetzt Strauss *refute* durch *explain.* Ist die *Erklärung* der Offenbarung eine notwendige Voraussetzung für die *Widerlegung* der Offenbarung? Oder kann die *Erklärung* an die Stelle der *Widerlegung* treten?

sentiell (die Rolle der Geschichte im Alten Testament, »Gekreuzigt unter Pontius Pilatus«). Wenn Willentlichkeit, Entscheidung, Geschichtlichkeit an die Stelle von Regularität, Notwendigkeit, Intelligibilität treten – wo vermag die philosophische Erklärung dann ihren Ansatzpunkt zu finden? Und was kann sie ausrichten?

Mit den vier Vergleichspunkten, die Strauss im Sinne des theologischen Einwands zur Kontrastierung heranzieht, ist indes weder die Differenz zwischen Mythos und Offenbarung erschöpft noch sind die Gegensätze und Gemeinsamkeiten innerhalb des Dreiecks Mythos – Offenbarung – Philosophie zureichend bestimmt: »the philosopher would admit the essential difference between the Bible and myth: the Bible presupposes, just as philosophy itself, the realization of the *problem* of myth.« Philosophie und Offenbarung verbindet, daß sie, jede auf ihre Weise, gegenüber dem Mythos auf der Wahrheit bestehen. Mythos und Offenbarung hinwiederum gehören zusammen, insofern der kritisch-skeptische Geist für sie keinen Vorrang hat. Wohingegen Mythos und Philosophie gemeinsam ist, daß die Moral für beide keinen Vorrang besitzt. Diese mit wenigen Strichen vorgenommenen Abgrenzungen und Zuordnungen genügen Strauss, um darzutun, daß die philosophische Erklärung der Offenbarung an der »essentiellen Differenz zwischen Mythos und Offenbarung« keineswegs vorbeigehen muß, sondern ihr, wenn sie richtig anzusetzen weiß, ganz im Gegenteil, Rechnung trägt. Der Erfolg des Erklärungsversuchs hängt zum einen davon ab, daß die Philosophie ihre Aufmerksamkeit dem Unterschied zuwendet, der die Offenbarung sowohl vom Mythos als auch von der Philosophie trennt: »The starting-point of philosophic explanation of *revelation* would therefore be the fact that the foundation of belief in revelation is the belief in the central importance of morality.« Zum anderen ist der Erfolg des Unterfangens daran gebunden, daß ebenjene Differenz zwischen Mythos und Offenbarung, auf die der theologische Einwand abstellt, daß die Einzigartigkeit der Offenbarung, ihre radikale Historizität, die verneinte Verbindung zur Natur, zum Gegenstand der Erklärung gemacht wird. Die philosophische Erklärung der Offenbarung erfordert, mit anderen Worten, daß die Kluft zwischen dem Mythos und der Offenbarung über eine genealogische Rekonstruktion am Leitfaden der Moral geschlossen wird, oder daß der Übergang von der Natur zur Geschichtlichkeit, die Herleitung der behaupteten Singularität aus einsehbarer Notwendigkeit gelingt.

Der Ort, der der Genealogie der Offenbarung im Dialog von *Reason and Revelation* zukommt, ist damit bezeichnet. Daß Strauss das »vielleicht eindrucksvollste theologische Argument« in einem gesonderten Teil und ausführlicher behandelt als die sechs vorangegangenen Argumente zusammengenommen, daß er die Antwort in diesem Fall nicht »dem Philosophen« überläßt, daß er das, was für eine philosophische Erklärung zu leisten wäre, vielmehr, wie wir sogleich sehen werden, als »Aufgabe des Philosophen« allererst formuliert und einen eigenen Versuch umreißt, dieser Aufgabe zu genügen – das alles unterstreicht das Gewicht, das Strauss der Erklärung des Offenbarungsglaubens in der Auseinandersetzung zwischen Philosophie und Offenbarung zuerkennt. Wenn die Erklärung hinreichte, bewährte die Philosophie ihre Überlegenheit nicht nur in der Bestimmung der Grenzen des Möglichen. Die Philosophie erwiese sich zugleich als Richterin über die Wirklichkeit der Offenbarung. Die genealogische Skizze hat folgenden Wortlaut:

> The task of the philosopher is to understand how the original (mythical) idea of the θεῖος νόμος is modified by the radical understanding of the moral implication and thus transformed into the idea of revelation.
>
> 1) Need of man → society, or else sociability was irreducible: need for *law*.
> 2) [need] for *good* law: original criterion for goodness: ancestral.
>   Rational basis: a) tested things, b) concern with stability.

3) the law depends on the ancestors = the *father* or fathers, *the* source of one's being, loving (beneficent) and demanding obedience (cf. Fustel de Coulanges).
4) absolute superiority of the ancestors: superhuman[4] beings, *divine* beings – *divine law*: the first things, the sources of our being are *gods*.
5) contradiction between various divine laws: only *one* divine law.
6) *full* obedience to the law: the law must be the source of *all* blessings → the god must be *omnipotent* → there can be only *one* God – Maker, Creator ≠ Generator.
7) *full* obedience to the law: obedience not merely a duty to be fulfilled in order to get something *else* as reward: full obedience is *love* of the one God with all one's heart, all one's soul and all one's power.
8) *full* obedience to the law: no human relation is left to irresponsible arbitrariness → love of *all* men. God is the father of all men, and all men are brothers. בצלם אלהים [in the image of God – Gen. 1, 27].
9) *full* obedience to the law: not only external actions, but the right *intention*: purity of the heart (loving God with *all* one's heart) – impossibility for man of achieving this: *sin*: need for *mercy*: the loving God forgiving sin more important than God as Judge.
10) full obedience to the law: rejection of ὕβρις, self-assertion in *any* sense: critique of cities, arts, kings – *especially* of science which is *the* vehicle of human self-assertion.

A unique final revelation which has taken place in the past is *the* correlative of absolute obedience, absolute surrender.

---

4 Strauss hatte zunächst *divine* geschrieben, dann in *superhuman* korrigiert.

No science: no universals – goodness a derivative from a *particular, individual* phenomenon (goodness = being Christian, Jew ...). *The* guidance is not knowledge of universals, but the record of the deeds of the mysterious God.

11) full obedience to the law: the *required* law must be the *gift* of God: *God* must purify our heart, if our heart is to be pure – *God* must open our lips if our mouth is to proclaim His praise. God must communicate *Himself* to man → He must come *close* to him: Incarnation.[5]

Die Bezeichnung »genealogische Skizze« ist lediglich eine grobe Charakterisierung dessen, was Strauss am Ende von *Reason and Revelation* in Angriff nimmt. Sie zeigt in erster Näherung die Stoßrichtung und die Form des Textes an, der uns beschäftigen wird. Sie bedarf mithin der Präzisierung. Die Aufgabe, die Strauss dem Philosophen stellt, reicht über eine genealogische Rekonstruktion hinaus. Sie besteht darin, zwei Ideen, zwei εἴδη, zwei Arten: die Spezies der göttlichen Gesetze und die Spezies der göttlichen Offenbarungen, so miteinander zu verbinden, daß die Abfolge ihres geschichtlichen Auftretens nicht allein nachvollzogen, sondern aus dem Aufweis der Logik, die der Transformation der beiden Ideen zugrunde liegt, *verstanden* werden kann. Die programmatische Aussage, die Strauss dem Entwurf vorausschickt, macht klar, daß der Versuch, zu einem wahren Verständnis zu gelangen, nach beiden Seiten geht, auf beide Spezies gerichtet ist, sich zwischen beiden Ideen bewegt, die eine im Lichte der anderen beleuchtend, prüfend und erhellend. Die philosophische Erklärung erfordert, wie wir gesehen haben, daß die Wegstrecke, die zwischen dem Mythos und der Offenbarung liegt, eingeholt oder überbrückt wird. Aber die Erklä-

---

5 *Reason and Revelation*, fol. 10 recto/10 verso. Strauss hat die Punkte 5 und 6 mit einer geschwungenen Klammer zusammengefaßt. Entweder wollte er ihre enge Zusammengehörigkeit betonen, oder er hatte die Absicht, die 11 Schritte seiner Genealogie auf 10 zu reduzieren.

rung der Offenbarung ist nicht alles, und wenn Strauss das göttliche Gesetz zum einen Brennpunkt seiner elliptischen Reflexion macht, geschieht dies nicht nur in Rücksicht auf den anderen Brennpunkt. Die göttliche Offenbarung bleibt unfaßbar, wofern sie nicht mit dem göttlichen Gesetz verknüpft wird. Sie bleibt ein factum brutum, stumm und an ihm selbst gleichgültig, solange keine Forderung aus ihr hergeleitet, solange sie nicht als autoritative Quelle für Gebote und Verbote in Anspruch genommen wird. Der θεῖος νόμος ist weder stumm noch in irgendeinem Sinne gleichgültig, sondern ganz Forderung. Wo er Gehör findet, wo der Gehorsam gegen seine Gebote und Verbote durchgesetzt wird, bestimmt er die Ordnung des Gemeinwesens und prägt er die Lebenswirklichkeit des Einzelnen. Das Gesetz, das Politik und Religion in sich zusammenschließt, verlangt und verdient die Aufmerksamkeit des Philosophen nicht erst um der Offenbarung willen. Das Gesetz vor allem anderen beansprucht Wissen über das Sein.[6] Das Gesetz beantwortet die Frage nach dem Richtigen, bevor die Philosophie sie zu stellen vermag, und in eins damit beantwortet es die Frage, was etwas ist: Gott oder Mensch, Leben und Tod, Krieg und Frieden, Gerechtigkeit oder Weisheit. Wenn die polytheistische Idee des göttlichen Gesetzes durch »das radikale Verständnis der moralischen Implikation«, die über sie hinaustreibt, eine solche Veränderung erfährt, daß sie sich in die monotheistische Idee der Offenbarung verwandelt, dann wird das Verständnis des genealogischen Befunds, oder präziser gesprochen: der zugrundeliegenden Transformationslogik, der Aufklärung über das göttliche Gesetz in seiner ursprünglichen Form nicht weniger dienen als der Erklärung der Offenbarung.

Der natürliche Beginn für die genealogische Rekonstruktion ist die Bedürftigkeit des Menschen. Seine Bedürftigkeit verweist ihn an andere Menschen. Das Angewiesensein auf

---

6 Siehe dazu *On the Minos* in: *Liberalism Ancient and Modern*, p. 67, 68, 73 sowie Seth Benardete: *Plato's »Laws«. The Discovery of Being.* Chicago 2000, insbesondere das Eröffnungskapitel »The Eidetic and the Genetic«.

andere begründet das Erfordernis, in Gesellschaft zu leben, und das Zusammenleben in der Gesellschaft bedarf eines Gesetzes. Die Herleitung des Gesetzes aus der Bedürftigkeit des Menschen setzt nicht voraus, daß das Bedürfnis in der soziablen Natur des Menschen verankert wird. Die Herleitung büßt nichts von ihrer Schlüssigkeit ein, wenn das genealogische Unterfangen bis zu einem nichtsoziablen, solitären Naturzustand zurückgräbt, wie dies Lukrez in *De rerum natura* oder Rousseau im *Discours sur l'inégalité* versucht haben. Denn auch eine Genealogie, die die natürliche Soziabilität verneint, gelangt an den Punkt, an dem die Bedürftigkeit des Menschen, wie immer sie aus den veränderten historischen Umständen im einzelnen expliziert werden mag, den Übergang zur Gesellschaftlichtkeit notwendig macht und an dem das Bedürfnis nach einem Gesetz somit unabweisbar wird.

Der erste Schritt der Skizze gibt zu erkennen, daß das fundamentale Prinzip, von dem die Logik der Transformation der beiden Ideen ihren Ausgang nimmt, die Orientierung am Guten ist. Um des eigenen Guten willen bedürfen die Menschen eines Gesetzes, tun ihnen Gebote und Verbote not, können sie nicht sein ohne die Setzung einer Grenze. Um des eigenen Guten willen bedürfen sie eines guten Gesetzes und streben sie es an, denn bei allem Streit über die Frage, was das Gute sei, stimmen die Menschen darin überein, daß sie das Gute für sich wollen. Einen Anhalt finden sie im Angestammten, in dem, was ihnen am vertrautesten ist und was ihnen am nächsten liegt. Die frühe Bestimmung des Guten als das Angestammte hat einen vernünftigen Kern, »vernünftig« verstanden im Sinne einer Orientierung am Guten. Zum einen hat das von den Vorfahren Überkommene der Erprobung durch die Wirklichkeit standgehalten und die kollektiven Erfahrungen des Gemeinwesens, an denen es sich bewährte, um sich gesammelt und in sich aufgenommen. Zum anderen stellt es Stabilität in Aussicht, ein Interesse, das sich in zwei Momente, in einen Außen- und einen Innenaspekt auseinanderlegen läßt: Das Gemeinwesen bewahrt kraft der besonderen Ordnung und Lebensweise, die das angestammte Gesetz festlegt, seine Identität; es entwickelt sein eigenes Gepräge, es unterscheidet sich von anderen und grenzt sich ab gegen andere; so erhält es sich in seinem Sein. Jede Änderung des Gesetzes, jedes Absehen, jede Abweichung vom Angestammten, birgt die Gefahr, daß die Autorität des Gesetzes untergraben, daß seine Kontingenz, daß seine Irrationalität im einzelnen, daß seine Willkür offenbar wird; Zweifel an seiner Unantastbarkeit und der Verlust seiner Unverbrüchlichkeit jedoch beinträchtigen die Wirksamkeit des Gesetzes.

Wenn das Gesetz von den Vorfahren abhängt, wenn es auf den Vater oder die Väter zurückgeführt wird, geht es auf die Quelle des eigenen Seins zurück. Über den Ursprung, den es mit meinem Sein gemein hat, ist es mit meinem vitalen Interesse am eigenen Guten verbunden, denn der Vater teilt dieses Interesse als mein Erzeuger mit mir. Solange das Angestammte als Kriterium für die Güte des Gesetzes in Anschlag gebracht und das Gesetz von den Vorfahren hergeleitet wird, bleibt der Bezug auf das eigene Gute im Begründungszusammenhang des Gesetzes selbst – wie gelockert oder weitläufig vermittelt er auch sei – prinzipiell gewahrt. Die Verknüpfung des Gesetzes und meines Seins in Einem Grund oder Einem Urheber wirft, indem sie die Autorität aufrichtet, die die Frage zum voraus beantwortet, die Frage nach dem Zweck oder Ziel meines Seins auf. Wofür bin ich gemacht? Wem schulde ich Dank? Welchen Anforderungen muß ich genügen? Der Vater begegnet mir als derjenige, der mir das Sein gegeben hat und mir in Liebe zugewandt ist, und der mir zugleich das Gesetz gibt und Gehorsam von mir verlangt.[7] Aber er gibt mir das Gesetz nicht in der Weise, in der er mir das Sein gegeben hat. Der Gesetzgeber ist Maker, nicht Generator. Der

---

7   Cf. Numa Denis Fustel de Coulanges: *La Cité antique. Étude sur le culte, le droit, les institutions de la Grèce et de Rome.* Paris 1864, dix-neuvième édition 1905, »La religion domestique«, p. 31–38, insbes. p. 35, »L'autorité dans la famille«, p. 92–103, insbes. p. 93, 96/97, »La loi«, p. 218–226, insbes. p. 220–222.

Eine Urheber tritt in Generator und Maker auseinander. Seine konventionelle Einheit erweist sich als natürliche Zweiheit. Solange die Autorität der Vorfahren in Frage gestellt werden kann, bleibt die Autorität des Gesetzes fragwürdig. Wenn der Vater Generator und Maker zugleich sein sollte, worauf beruhte seine Überlegenheit als Gesetzgeber, die den Gehorsamsanspruch zu begründen vermöchte? Und wenn er das Gesetz nicht gibt, sondern lediglich weitergibt, worin gründete die Überlegenheit derjenigen, von denen er es in Gehorsam entgegengenommen hat? Die Frage nach der Überlegenheit der Vorfahren, die der Rekurs auf das Angestammte in sich trägt, findet ihre Antwort im Postulat übermenschlicher Vorfahren. Nur übermenschliche Wesen können dem Gesetz eine unantastbare und unverbrüchliche, eine die Menschen absolut bindende Autorität verleihen: das göttliche Gesetz verlangt nach göttlichen Wesen. Nicht unsere ersten Ahnen, sondern die Urheber unserer ersten Ahnen sind die Urheber des Gesetzes und unseres Seins. Der vierte Schritt gibt uns mit dem göttlichen Gesetz die Götter.

Die Götter sind eine Antwort auf die Frage nach der Überlegenheit der Gesetzgeber, der ersten Gesetzgeber, der Gesetzgeber im emphatischen Sinne. Aber auch die Götter vermögen dem göttlichen Gesetz keine unantastbare und unverbrüchliche Autorität zu verleihen, wenn das göttliche Gesetz nicht Eines ist. Das Streben nach dem guten Gesetz, nach dem absolut bindenden Gesetz, kommt im θεῖος νόμος nicht an sein Ende, solange der θεῖος νόμος im Plural auftritt, solange die Gebote eines göttlichen Gesetzes denen eines anderen göttlichen Gesetzes widersprechen und ihre Verbote nicht übereinzubringen sind. Liegen die göttlichen Gesetze untereinander im Streit, so offenbar auch ihre Urheber. Wenn die Autorität des göttlichen Gesetzes zweifelhaft bleibt, kann die Autorität der Götter in Zweifel gezogen werden. Sind die Götter mit den göttlichen Gesetzen eins, weil das Sein der Götter der Grund der Gesetze ist, oder sind die göttlichen Gesetze mit den Göttern eins, weil die Gesetze der Grund des Seins der

Götter sind? Macht der Streit der göttlichen Gesetze und der Götter einen neuen Überstieg erforderlich, nach dem Vorbild des Überstiegs von den menschlichen Vorfahren zu den göttlichen Urhebern der Vorfahren, zu den Göttern als dem Grund des Gesetzes und unseres Seins? Nunmehr den Überstieg von den göttlichen Urhebern der Gesetze zu den ersten Dingen, die den Urhebern der Gesetze zugrunde liegen, aber keine Gesetze geben? So daß der Grund der Gesetze und der Grund unseres Seins nicht mehr Einer wäre? Gesetze und Sein vielmehr auseinandertreten? Die Alternative heißt: Es ist nur Ein Göttliches Gesetz. Das Göttliche Gesetz hat absolute Autorität, und es verlangt absoluten Gehorsam. Strauss beginnt die weiteren Schritte der Rekonstruktion durchweg mit den Worten »full obedience to the law«. Jeder von ihnen trägt dazu bei, zur Entfaltung zu bringen, was die Forderung des Einen Göttlichen Gesetzes beinhaltet. Das Eine Göttliche Gesetz duldet keinen Widerspruch und kennt keinen Widerpart, kein göttliches Gesetz, das ihm entgegentreten könnte, und keine politische, religiöse oder moralische Instanz, die von seiner Herrschaft grundsätzlich ausgenommen wäre. Als Gesetz kraft göttlicher Autorität erhebt es Anspruch auf vollen Gehorsam – zunächst was seinen Umfang und seine Erstreckung betrifft oder extensiv: Gehorsam ohne die Aussparung irgendeines Lebensbereichs, sonst bliebe der Mensch Richter über die Zuständigkeit des Gesetzes, und ohne die Unterscheidung zwischen Zentrum und Peripherie, zwischen entbehrlichen und unentbehrlichen Anordnungen des Gesetzes, sonst bliebe der Mensch Richter über die Verbindlichkeit der Anordnungen des Gesetzes und über die Wichtigkeit oder Wertigkeit seiner Teile im Blick auf das eigene Gute: Um des Guten willen strebt er nach einem Gesetz, das uneingeschränkten Gehorsam verlangt, dem er in jedem einzelnen Fall sein besonderes Interesse unterordnen, dem er die letzte Entscheidung über das, was gut ist für ihn, übereignen muß. Gehorsam in bezug auf alles kann das Gesetz aber nur verlangen, wenn das Gesetz die Quelle alles Guten für den Menschen ist. Damit das Gesetz Eines ist und die Quelle alles Segens werden kann, muß der Gesetzgeber ein omnipotenter Gott sein; ein Gott, dem nichts verwehrt ist und dem nichts verborgen bleibt, der im Jenseits wie im Diesseits zu binden und zu lösen vermag, der Wunder wirken kann, der keiner Notwendigkeit unterliegt; ein Gott, der keine Götter neben sich zuläßt; Ein Gott, der den Werken seiner Schöpfung aus der Fülle seiner souveränen Macht heraus, nicht aus Bedürftigkeit zugewandt, der ihnen nicht in Liebe verbunden, der Maker, nicht Generator ist. Abermals treten Generator und Maker auseinander. Doch anders als im Falle des Vaters resultiert die Trennung nicht daraus, daß die Überlegenheit Gottes als Maker in Frage stünde. Vielmehr läßt eben seine Überlegenheit als Maker sich nicht mit seiner Bedürftigkeit als Generator vereinbaren. Wenn er mit seinen Geschöpfen nicht durch ein gemeinsames Sein verbunden ist, erhebt sich die Frage, weshalb er als omnipotenter Gesetzgeber die Quelle alles Guten für sie sein soll. Steht er seinem Werk so gegenüber, wie ein Dichter seiner Dichtung gegenübersteht? Ist alles, was er durch sein Wort erschafft, was er entstehen und vergehen heißt, Ausdruck des Wunsches, seine Herrlichkeit zu offenbaren? Ist er mit seinen Geschöpfen durch das Begehren nach Ruhm verbunden? Ist er bedürftig des Ruhmes bedürftiger Menschen?

Der Gehorsam, den das Göttliche Gesetz verlangt, ist voller Gehorsam im extensiven und im intensiven Verstande: Gehorsam in bezug auf alles, ohne Ausnahme und ohne Unterschied, darüber hinaus ganzer Gehorsam ohne Vorbehalt und ohne Abzweckung, Gehorsam, der nicht bei der Erfüllung des Gesetzes stehenbleibt, sondern sich ganz dem göttlichen Gesetzgeber zuwendet. Der Urheber des Gesetzes soll nicht bloß um des Guten willen, das von ihm ausgeht, geachtet, er muß um seiner selbst willen geliebt werden. Der Eros, der durch das Gesetz nie vollständig gebunden, nie restlos bezwungen werden kann – er ist der Rivale des Gesetzes als Quelle alles Guten –, muß eine neue Ausrichtung, die Ausrichtung auf das vollkommene Sein des Einen Gottes erfahren. Voller Gehorsam ist als Liebe zu Gott selbstvergessene Hingabe an das ewige Schöne. Die Orientierung am Guten, die die Genealogie in den ersten sechs Schritten bestimmt, wird im siebten Schritt überboten, d.h. aufgegeben und abgelöst durch die Orientierung am Schönen, das sich selbst genügt, das seinen Lohn in sich trägt, das allem Berechnen und Wägen überhoben ist. Die Autorität des allmächtigen Gottes, die auf dem Scheitelpunkt der Skizze (6.2) mit Rücksicht auf das Gute des Menschen gefordert wird, verselbständigt sich im Augenblick ihrer Forderung und läßt im Glanz ihrer Herrlichkeit das Gute des Menschen nichtig erscheinen. Daß voller Gehorsam Liebe zu Gott ist, und zwar Liebe von ganzem Herzen, aus ganzer Seele und mit aller Macht, kann in zwei Richtungen gelesen werden: Der Gehorsam fände seine Vollendung darin, daß er selbst über die Liebe zu gebieten vermöchte und sich solcherart in der rückhaltlosen Liebe zu Gott manifestierte. Oder: Vollkommener Gehorsam wäre nur möglich, wenn er sich als absolute Liebe realisierte. Nur wer den, der Gehorsam verlangt, rückhaltlos liebte, könnte ihm ganz, selbstvergessen, »ohne Rest« gehorchen. Und ist absoluter Gehorsam in Form absoluter Liebe nicht die einzige Haltung gegenüber dem omnipotenten Gott, die die Hoffnung birgt auf »Gegen-Liebe«?

Voller Gehorsam im extensiven Sinne, der jeden Lebensbereich und jedes Verhältnis des Menschen mit einbegreift, führt zu dem Gebot, alle Menschen zu lieben. Die Pflicht universeller Menschenliebe oder die Forderung universeller Gerechtigkeit entspricht dem Einen Göttlichen Gesetz, das für alle Menschen Gültigkeit besitzt, und sie entspricht dem Einen Gott, der alle Menschen gleichermaßen erschaffen hat. Der achte Schritt knüpft unmittelbar an die Punkte 6.1 und 5 an. Doch auch 7 wird wiederaufgenommen: Wenn der allmächtige Gott an den Menschen gebunden, wenn Gott zur »Gegen-Liebe« veranlaßt werden soll, muß er als Vater zurückkehren. Der Vater begründet als Generator indes ein

Verhältnis der Nachfolge, er schließt Verwandlung und Ersetzung, Werden in der Zeit ein. Die Liebe des Vaters zum Eigenen im Erzeugten kann für das von Gott als Maker Geschaffene, das dem vollkommenen Sein Gottes äußerlich bleibt, daher nur appellierend eingefordert oder eingeworben werden. Die Übertragung der Liebe zum Eigenen im Erzeugten auf das Gemachte würde die beiden Bestimmungen des Vaters aus dem dritten Schritt – liebend (wohltätig) und Gehorsam fordernd zugleich zu sein – in Gott zusammenführen. Aber die Zusammenführung gelingt nur vermittels und in einer Metapher. Weder *sind* alle Menschen Brüder, noch *ist* Gott ihr Vater.

Voller Gehorsam im intensiven Sinne, der verlangt, daß der Mensch den allmächtigen Gesetzgeber von ganzem Herzen liebe, reicht bis ins Innerste, Verborgenste, Nichteinsehbare. Äußere Handlungen können ihm nicht genügen. Er fordert die rechte Absicht. Er besteht auf der Reinheit des Herzens. Daß der Mensch zu einem solchen Gehorsam nicht fähig und die Sünde somit unvermeidlich ist, findet seinen Niederschlag im Sündenbewußtsein des Gläubigen. Das Urteil des Glaubens, alle Menschen seien Sünder, weist auf die menschliche Natur als das Hindernis hin, das der Erfüllung des Gehorsams entgegensteht. Wenn der Mensch vom eigenen Guten absehen und sich einzig auf das Schöne hin ausrichten soll, wenn er sich selbst aufgeben will, um sich ganz vom Gebot der Souveränen Autorität bestimmen zu lassen und Gottes vollkommen inne zu werden, gerät er in den Zirkel von Selbstverneinung und Sündenbewußtsein, in dem um der Reinheit des Herzens willen Demut gegen Stolz gesichert, Tugend als Gnade begriffen, Gehorsam in Liebe verwandelt werden muß. Sünde ruft nach Erbarmen. Der Gott, der sich der Menschen erbarmt und ihnen die Sünde vergibt, wird wichtiger als der Gott, der ihnen das Gesetz gibt und über sie richtet. Was in Punkt 9.2 als notwendige Konsequenz der paradoxen Wende in Punkt 7 festgestellt wird, läßt sich am Gang der Rekonstruktion selbst nachvollziehen. Bis zu Punkt 6.2

war die Autorität Gottes als Gesetzgeber und Richter das Thema. Von Punkt 6.2 an ist die Liebe Gottes das Problem. Alle Linien führen hin zu, gehen zurück auf und treffen sich in der Allmacht.

Die moralischen Implikationen des θεῖος νόμος kommen ans Licht, wenn der Gehorsam genauer untersucht wird, den das Eine Göttliche Gesetz, der θεῖος νόμος in seiner mächtigsten Gestalt, verlangt. Die Punkte 6 bis 9 – die gleichlautende Eröffnung »*full* obedience to the law:« unterstreicht ihre Zusammengehörigkeit – explizieren den Gehorsam in der extensivsten (Punkte 6 und 9) und der intensivsten Form (Punkte 7 und 9), die sich denken läßt. Der zehnte Schritt kehrt nach der Analyse des Gehorsams, der dem Göttlichen Gesetz entspricht, und der Folgen, die dieser Gehorsam zeitigt, zum Göttlichen Gesetz selbst zurück. Dem absoluten Gehorsam, den der allmächtige Gott fordert, entspricht ein göttliches Gesetz, das nicht nur synchron, sondern auch diachron Eines ist, das den Plural nicht bloß horizontal, sondern ebenso temporal ausschließt; Ein Göttliches Gesetz, für das es kein Werden gibt, das keine Offenheit für neue Propheten als zukünftige Gesetzgeber kennt, das folglich keiner Relativierung mit Rücksicht auf seine Vorläufigkeit oder Überholbarkeit unterliegt; Ein Göttliches Gesetz, das auf einem einmaligen Ereignis beruht, das seinen Geltungsanspruch allein der Autorität des göttlichen Gesetzgebers verdankt, der es geschichtlich verfügte, das dem Wissen entzogen bleibt, welches sich am allgemein Gültigen orientiert und in dem gründet, was mit Notwendigkeit ist. Denn wenn der Gehorsam durch ein Wissen, das der Selbstbehauptung des Menschen dient, da es ihm einen eigenen Stand und Halt gibt, einzuholen oder gar zu ersetzen wäre, handelte es sich nicht länger, oder noch nicht, um absoluten Gehorsam. Dem absoluten Gehorsam entspricht eine einmalige, abschließende Offenbarung, die in der Vergangenheit statthatte und in der der unergründliche Gott seinen Willen als verbindliches Gesetz oder zwingendes Gebot kundtat. Die geschichtliche Offenbarung ist die vollkommene Entsprechung des absoluten Gehorsams, der absoluten Kapitulation des menschlichen Willens und der menschlichen Vernunft (einer Kapitulation, die mit der Ermächtigung der Stellvertreter, der Interpreten, der Sachwalter der Offenbarung der Vergangenheit einhergeht), da sie gleichbedeutend ist mit der radikalsten Verneinung des Grundes menschlicher Selbstbehauptung im Wissen. Sie verneint, daß die Erkenntnis des Guten dem Menschen als Menschen möglich sei. Den zehnten Schritt, der die geschichtliche Offenbarung, und den fünften Schritt, der das Eine Göttliche Gesetz einführt – die beiden Schritte, auf die Strauss die längste und die kürzeste Erläuterung der Skizze verwendet – verbindet, daß sie beide, zunächst ex silentio, dann e contrario, auf die grundsätzliche Alternative hindeuten, die nirgendwo bei ihrem Namen genannt wird: die Philosophie.

Das Bedürfnis des Menschen, das am Beginn der Rekonstruktion stand, steht auch an ihrem Ende. Die Einsicht, daß die Menschen um des eigenen Guten willen eines Gesetzes bedürfen, kehrt zurück, wird transformiert und ist aufgehoben in dem Glauben, daß das Eine Göttliche Gesetz oder das Gebot, das absoluten Gehorsam verlangt, ein Geschenk Gottes oder ein Werk seiner Gnade sei. Nachdem die Forderung universeller Gerechtigkeit und rückhaltloser Liebe zu Gott oder selbstvergessener Hingabe an das Schöne eine immer größere Distanz zum Guten geschaffen, nachdem die Sünde das Erbarmen und die Vergebung Gottes in den Vordergrund gerückt und nachdem die geschichtliche Offenbarung in ihrer Partikularität und Individualität alle Aufmerksamkeit auf die souveräne Tat Gottes gelenkt hat, verlagert der Offenbarungsglaube das Geschehen ganz auf die Seite Gottes. Der Gehorsam erfüllt sich jetzt darin, daß er die Last vom Gehorsam des Menschen auf die Macht Gottes überträgt. Nicht nur das Gesetz muß sein Geschenk sein. Die universelle Gerechtigkeit und die rückhaltlose Liebe müssen seiner Gnade entspringen. Die Reinheit des Herzens muß von ihm bewirkt werden. Und auch daß die Menschen ihm den Ruhm und die Ehre zuteil werden lassen, die sie ihm schulden, muß seiner Tat zu danken sein. Der Maker muß durch die freie Zuwendung zu seinen Geschöpfen alles auffangen; er muß alle ihre Beschwernisse auf sich nehmen; er muß die Gefäße seiner Herrlichkeit erlösen. Die unendliche Kluft, die die Allmacht Gottes im Zentrum der Rekonstruktion aufgerissen hat, kann nur vermöge der Unergründlichkeit Gottes wieder geschlossen werden. Nur Gott kann den Abstand zum Menschen überbrücken. Nur er kann den Weg zur Bedürftigkeit des Menschen zurück finden. Gott muß den Menschen lieben. Er muß Maker und Generator sein. Er muß sich als Gesetzgeber und als Vater offenbaren. Gott muß Mensch werden.

Der Philosoph weiß den Offenbarungsglauben zu erklären, insofern er die Offenbarung mit dem θεῖος νόμος zu verknüpfen und beide Ideen selbst zu denken weiß, d.h. insofern er sie auf die ihnen zugrundliegenden Notwendigkeiten zurückzuführen und aus ihren Entwicklungsmöglichkeiten zu begreifen vermag. Daß der Philosoph die Idee des θεῖος νόμος und die Idee der Offenbarung aus ihren Entwicklungsmöglichkeiten zu begreifen vermag, besagt in ebenso vielen Worten, daß er deren Grenzen bestimmen und deren Logik verstehen kann. Sein Verständnis wird dadurch befördert, daß sowohl der θεῖος νόμος als auch die Offenbarung auf die Philosophie verwiesen sind. Die Philosophie ist für beide *die* Alternative. Sie ist beiden einbeschrieben als die Lebensweise, die sie an ihnen selbst verneinen oder in deren Verneinung ihre Konturen am schärfsten hervortreten. Wie aber, wenn wir den Blick zurückwenden, steht es mit der partikularen Umsetzung der Offenbarung, mit ihrer individuellen Übersetzung in das göttliche Gesetz durch den menschlichen Gesetzgeber? Weiß der Philosoph auch sie zu erklären? Präziser gefragt: Sind ihm Erfahrungen von der Art, wie der Gesetzgeber sie für sich geltend macht, um seinen göttlichen Auftrag zu begründen, nicht ganz und gar unzugänglich? So daß er die Aufrichtung des göttlichen Gesetzes, wofern er sie nicht als das Werk überlegener Vernunft begreift – als einen rationalen Akt weiser Gesetzgeber, die sich veranlaßt sahen, zur Unterstützung des Gesetzes »auf die Intervention des Himmels zurückzugreifen und die Götter mit ihrer eigenen Weisheit zu beehren«[8] – einem gänzlich anderen menschlichen Typus zuordnen muß? Einem Typus, über den er allenfalls sagen mag: »wie der Mann so auch sein Gott«[9], und in Rücksicht auf dessen besondere, außerordentliche Erfahrung er nur feststellen kann, sie sei ihm verwehrt, oder er verstehe die göttliche Weisheit nicht, die sie eröffnet? Es gibt indes außerordentliche Erfahrungen der Beatitudo, die dem Philosophen nicht weniger zugänglich sind als jenem anderen menschlichen Typus – sprechen wir vom Propheten: Das Schöne wird blitzartig offenbar, das Ganze, das nur in Teilen und disparat wahrgenommen wurde, leuchtet plötzlich auf, Einsichten schießen zusammen und gewinnen eine ungeahnte, unvorhersehbare, überwältigende Strahlkraft, in deren Licht nichts mehr ist, wie es schien, und das Leben nicht länger bleiben kann, was es war. Der Prophet wird in der Hingabe an das Schöne aufgehen. Er wird in seiner Individualität überformt, verwandelt, neu geprägt. Er erkennt sich als Gefäß Gottes und nichts außerdem. Er wird das Glück der Überschreitung der eigenen Begrenztheit, der Aufhebung des Besonderen im Allgemeinen, des Sichverlierens an das Ganze, er wird seine Erfahrung mit der »Praxis des Sterbens und Totseins« in Scheu und Ehrfurcht auf den Urheber des Ganzen zurückführen. Er wird in seiner Glückseligkeit seiner Berufung gewahr werden. Er wird sich ganz in den Dienst der Souveränen Autorität stellen und mit allem, was er vermag, für die Ordnung eintreten, die sie ihm verbürgt und nach der er verlangt. Der Philosoph kehrt die Blickrichtung um. Er bezieht das Schöne auf das Gute zurück. Er wird in seiner Glückseligkeit seiner eigenen Aktivität inne. Er erkennt in seiner erotischen Natur die Kraft, die ihn über sich selbst

---

8   Jean-Jacques Rousseau: *Du contrat social* II, 7, *OCP* III, p. 383.
9   Johann Wolfgang von Goethe: *West-östlicher Divan. Besserem Verständniss. Israel in der Wüste.* Ed. Hendrik Birus. Frankfurt/Main 1994, p. 246.

hinausträgt, und die Macht, die es ihm ermöglicht, daß er sich im Ganzen wiederfindet. In der Erfahrung der Beatitudo bestätigt sich für ihn, daß die höchste Eudämonie an die Dialektik gebunden ist, die die höchste Aktivität bestimmt und bewegt. Sie bestärkt ihn darin, die dialektische Spannung zu leben zwischen der »Praxis des Sterbens und Totseins« einerseits und dem Eros andererseits,[10] zwischen der notwendigerweise anonymen Wahrheit und deren individuellem Verständnis,[11] zwischen der Hingabe an das Schöne und der Erkenntnis unserer bedürftigen Natur, die diese Hingabe für uns gut sein läßt. Die »überlappende Erfahrung« des Propheten und des Philosophen verzweigt sich und führt in entgegengesetzte Richtungen. Aber das Staunen, das zum Gehorsam anhält, ist dem Staunen, das sich im Fragen fortsetzt, nicht von vornherein verschlossen. Dem Philosophen muß nicht versagt bleiben zu verstehen, worum es sich handelt, wenn der Prophet eine Berufungserfahrung für sich geltend macht. Auch sie, auch das, worauf Moses, Paulus oder Mohammed Anspruch erheben, kann er in die umfassende Reflexionsbewegung mit hineinnehmen, in die er aufnimmt, was er nicht ist, was ihm widerstreitet, was ihn in Frage zu stellen vermag. Die Reflexionsbewegung vertieft die Einsicht in die Bedingungen seiner Existenz und die Voraussetzungen seines Glücks, und diese Einsicht wiederum treibt die Reflexionsbewegung so voran, daß er imstande ist, die grundsätzliche Alternative, die das philosophische Leben verneint, in ihrer Notwendigkeit zu denken und zu bejahen, ohne ihr zu erliegen oder ihr in seinem Denken zu verfallen.

---

10 Cf. Seth Benardete: *On Plato's »Symposium« – Über Platons »Symposion«*. München 1994, zweite, durchgesehene Auflage 1999, p. 29/31.
11 Siehe dazu *Die Denkbewegung von Leo Strauss*, p. 41–43.

Der Tod als Gott
Eine Anmerkung zu Martin Heidegger

Am Ende seines Vortrags *Reason and Revelation*, im unmittelbaren Anschluß an die elf Schritte der Genealogie des Offenbarungsglaubens, erwägt Strauss drei mögliche Einwände zu seiner Skizze. Der erste Einwand betrifft das Problem der Präsenz Gottes oder die Erfahrung des Rufs. In ungewöhnlicher Weise kommt dabei der Name Heideggers ins Spiel. Das Problem der Präsenz und des Rufs sei nicht charakteristisch für die Bibel, hält Strauss knapp fest. Das Phänomen, das in Rede steht, ist nicht an den monotheistischen Offenbarungsglauben gebunden. Wir haben es, in anderen Worten, nicht mit Erfahrungen oder mit Interpretationen von Erfahrungen zu tun, für die – wie für die Offenbarung, die in der Vergangenheit statthatte, für das Göttliche Gesetz oder das Gebot, das absoluten Gehorsam verlangt – geschichtliche Einmaligkeit beansprucht wird. Bei der behaupteten Präsenz eines Gottes oder bei dem Ruf, den Menschen zu vernehmen glauben, handelt es sich nicht um einzigartige Ereignisse, die, soll eine Verbindung zur Natur hergestellt werden, allererst einer genealogischen Rekonstruktion bedürfen, oder deren Erklärung den Aufweis einer historischen Transformationslogik erforderlich macht. Was, fragt Strauss, war beispielsweise die Präsenz des Gottes Asklepios in Athen? Halluzination. Dann notiert er: »Cf. also C. F., Heidegger: God is death.« Auch wenn wir den durch ein offenkundiges Versehen ausgelassenen Nachnamen zu den Initialen »C. F.« ergänzen und den Hinweis, den Strauss für sich niederschrieb, so lesen, wie wir ihn lesen müssen: »Cf. also C. F. Meyer, Heidegger: God is death«, bleibt er zunächst rätselhaft. Die Erwähnung Heideggers in einem Atemzug mit dem Schweizer Schriftsteller und die Verknüpfung beider Namen in und zu einer Aussage, die von beiden autorisiert werden oder die beide treffen soll, ist überraschend: Gott = Tod. Falls beide darin übereinkommen, daß der Tod die Stelle Gottes einnimmt oder daß der Tod zum

Gott wird, gibt Heideggers Denken Aufschluß über einen Ausspruch von Conrad Ferdinand Meyer, oder wirft ein Ausspruch Meyers Licht auf das Denken von Martin Heidegger? Was genau hat Strauss mit seiner Notiz aus den abschließenden Einwänden und Erwiderungen von *Reason und Revelation* im Auge?[1]

Die Sache, um die es Strauss geht, wird klarer, wenn wir uns einer dunklen Anmerkung zuwenden, die er fünfzehn Jahre später für das *Preface* zur amerikanischen Übersetzung des Spinoza-Buches schreibt und 1965 veröffentlicht. Die Anmerkung nimmt sich sehr viel weniger dunkel aus, sobald wir sie mit der Notiz aus *Reason and Revelation* zusammenbringen. Fußnote 23 des berühmten »Autobiographischen Vorworts« von 1962 erwähnt wie zuvor die Zeile von 1947 Heidegger und C. F. Meyer in einem Atemzug, jetzt aber in umgekehrter Reihefolge und versehen mit Texthinweisen; dagegen bleibt der gemeinsame Nenner unausgesprochen: »Heidegger, *Sein und Zeit*, sect. 57. Consider C. F. Meyer's *Die Versuchung des Pescara*.« Conrad Ferdinand Meyer soll Heidegger erläutern. Wir werden aufgefordert, § 57 von *Sein und Zeit* im Lichte der Novelle *Die Versuchung des Pescara* zu bedenken. Ehe wir dieser Aufforderung nachkommen, halten

---

1 Der vollständige Text, der auf die Genealogie folgt und mit dem der Vortrag endet, lautet:
»Objections:
a) The problem of the presence, the call – not characteristic of the *Bible*. The presence of Asclepius e. g. – what was it? Hallucination – Cf. also C. F. [Meyer], Heidegger: God is death.
b) the explanation cannot account for the *fact* of real love of God and neighbour – but it is a *question* whether these are *facts*, and not *interpretations* of facts – what has to be explained, is merely the *demand* for such love.
c) the explanation is based on the Bible of theologians – it *utilizes* them → it *presupposes* them: if the explanation were valid, philosophers should have been able to devise the whole claim independently of the Bible, – i. e., for all practical purposes, in classical antiquity. But: why should philosophers who were going to the opposite direction as the Biblical teachers have been *capable* of discovering what only an entirely different human type bent on the anti-philosophic possibility *could* discover or invent?«
Reason and Revelation, fol. 11 recto.

wir einen Augenblick inne, um den Text zu betrachten, auf den sich die Fußnote bezieht. Die Anmerkung steht am Ende eines gewichtigen Absatzes, der – wie der Einwand am Schluß von *Reason and Revelation* – die Präsenz oder den Ruf Gottes zum Thema hat. Strauss verhandelt das Problem der Erfahrung Gottes oder der »absoluten Erfahrung« am Beispiel der Aufstellungen Martin Bubers. Doch die Auseinandersetzung führt weit über Buber hinaus. Sie ist auch nicht auf die »absolute Erfahrung« beschränkt, die der Offenbarungsglaube für sich geltend macht.[2] In der zweiten Hälfte des Absatzes wird Heidegger zum eigentlichen Dialogpartner. Fußnote 23 betrifft den Absatz im ganzen. Im besonderen bezieht sie sich indes auf die zweite Hälfte oder die letzten drei Sätze des Paragraphen. Der erste von ihnen lautet: »Jede Behauptung über die absolute Erfahrung, die mehr sagt, als daß das, was erfahren wird, die Präsenz oder der Ruf ist, daß es nicht der Erfahrende ist, daß es nicht Fleisch und Blut ist, daß es das Ganz Andere ist, daß es der Tod oder das Nichts ist, ist ein ›Bild‹ oder Interpretation; daß irgendeine Interpretation die schlichtweg wahre Interpretation ist, wird nicht gewußt, sondern ›bloß geglaubt‹.«[3] Daß Strauss hier Heideggers Analyse des »Rufs des Gewissens« nicht nur gegen Bubers Interpretation der »absoluten Erfahrung« aufbietet, sondern sie in kritischer Absicht selbst in die Auseinandersetzung mit hineinnimmt, läßt sich an der sorgfältigen Wahl der einzelnen Bestimmungen und der Anordnung der komplexen Syntax ablesen: »der Tod oder das Nichts« tritt in der Reihe der Behauptungen über die »absolute Erfahrung« nicht ohne Grund

---

2 Cf. Strauss' Briefe an Gershom Scholem vom 22. November 1960, 26. Februar 1973 und 19. März 1973, *Gesammelte Schriften*. Band 3, p. 743, 767, 769.
3 *Gesammelte Schriften*. Band 1, p. 22. »Every assertion about the absolute experience which says more than that what is experienced is the Presence or the Call, is not the experiencer, is not flesh and blood, is the wholly other, is death or nothingness, is an ›image‹ or interpretation; that any one interpretation is the simply true interpretation is not known, but ›merely believed‹.« *Preface to Spinoza's Critique of Religion*, p. 235/236.

als finis ultimus auf. Wenn aber der Tod oder das Nichts, der Fluchtpunkt in Heideggers Analyse, unter die Interpretationen der Präsenz oder des Rufs zu zählen ist, dann ist die Kritik, die der letzte Satz des Paragraphen, wie es scheint, auf Heidegger zurückgehend an Buber oder an einer offenbarungsgläubigen Interpretation der »absoluten Erfahrung« übt, auch auf Heideggers Interpretation anzuwenden: »Gerade die Betonung der absoluten Erfahrung als Erfahrung nötigt einen zu verlangen, daß so klar wie möglich gemacht werde, was die Erfahrung an ihr selbst besagt, daß sie nicht verbogen, daß sie sorgfältig von jeder Interpretation der Erfahrung unterschieden werde, denn Interpretationen können als Versuche verdächtigt werden, das Erfahrene, welches zugegebenermaßen von außen über den Menschen kommt und unerwünscht ist, erträglich und harmlos zu machen oder die radikale Ungeschütztheit, Einsamkeit und Ausgesetztheit des Menschen zu überdecken.«[4] An dieser Stelle fügt Strauss Fußnote 23 ein: »Heidegger, *Sein und Zeit*, § 57. Beachte C. F. Meyers *Die Versuchung des Pescara.*«

Der Abschnitt aus *Sein und Zeit*, mit dem Strauss 1962 Conrad Ferdinand Meyers Novelle in Verbindung bringt, hatte Strauss in jungen Jahren stark beeindruckt. »Das Gewissen als Ruf der Sorge« fand seine besondere Aufmerksamkeit und Wertschätzung, da Heideggers Analyse, wie Strauss 1930 meinte, erstmals den Zugang zu einem angemessenen Verständnis des Gewissens und mithin zu einer angemessenen Interpretation der Religion zu eröffnen versprach.[5] Drei Jahr-

4 *Gesammelte Schriften*. Band 1, p. 22/23. »The very emphasis on the absolute experience as experience compels one to demand that it be made as clear as possible what the experience by itself conveys, that it not be tampered with, that it be carefully distinguished from every interpretation of the experience, for the interpretations may be suspected of being attempts to render bearable and harmless the experienced which admittedly comes from without down upon man and is undesired, or to cover over man's radical unprotectedness, loneliness, and exposedness.« *Preface to Spinoza's Critique of Religion*, p. 236.
5 Siehe Strauss' Brief an Gerhard Krüger vom 7. Januar 1930, *Gesammelte Schriften*. Band 3, p. 380.

zehnte später veranschlagt Strauss das Erfordernis und das Gewicht einer Erklärung des Gewissens im Horizont der natürlichen Möglichkeiten des Menschen um nichts geringer.[6] Aber der Wille zur Redlichkeit, die neue Tapferkeit, die heroische Entschlossenheit, sich dem Schmerzlichsten auszusetzen, der Wille, der für die moderne Religionskritik bestimmend wurde und von dem Strauss noch 1930 anerkennend gesagt hatte, er sehe ihn mit der Deutung des Rufs in *Sein und Zeit* »seine Vollendung erreichen«, dieser Wille war von Strauss inzwischen als Ausdruck eines neuen Glaubens einer denkbar weitreichenden Kritik unterzogen worden, eines Glaubens, in dem die Philosophie sich ihrer eigensten Stärke und Überlegenheit begibt. Die Kritik, die Strauss 1935 in der Einleitung zu *Philosophie und Gesetz* am »Atheismus aus Redlichkeit« mit Rücksicht auf dessen Moralität, im Hinblick auf dessen Gläubigkeit vortrug, wird im »Autobiographischen Vorwort« 1962 wieder aufgenommen, verdeutlicht, verschärft und weiter entfaltet.[7]

In der Entfaltung der Kritik am Glaubenscharakter des Atheismus aus Gewissenhaftigkeit kommt dem Absatz, den Fußnote 23 beschließt, eine Schlüsselrolle zu. Er setzt mit einer prägnanten Diagnose der selbstzerstörerischen Logik ein, der der Wille zur Redlichkeit, verstanden als Grausamkeit gegen sich selbst, unterliegt, wenn er die Führung übernimmt und dem Denken als letzte Orientierung dienen soll. Jeder Schritt, der, dem Gebot der Grausamkeit gegen sich selbst gehorchend, dahin führt, sich einen Wunsch zu versagen, von einer Sehnsucht Abschied zu nehmen, eine Sicherheit zurückzulassen, zieht einen weiteren Schritt nach sich, der einen neuen Wunsch aufgeben, eine tiefere Sehnsucht aufspüren und verneinen, eine andere Sicherheit attackieren heißt. Solange etwas bestehen bleibt, das bejaht zu werden

6 Cf. *Thoughts on Machiavelli*, p. 148/149, 193–196, 203/204.
7 *Philosophie und Gesetz*, p. 22–28, *Gesammelte Schriften*. Band 2, p. 21–26; *Preface to Spinoza's Critique of Religion*, p. 255/256 und 234–237, *Gesammelte Schriften*. Band 1, p. 51–53 und 19–25. Siehe oben *Das theologisch-politische Problem*, p. 28, 32–34 und 38/39.

vermag, war die Grausamkeit mutmaßlich nicht grausam genug, steht das Schrecklichste offenbar noch aus: »Die Kontroverse kann leicht zu einem Wettrennen entarten, in dem derjenige gewinnt, der die geringste Sicherheit und den größten Schrecken anbietet, und bei dem es nicht schwer fiele zu erraten, wer der Gewinner sein wird. Aber genauso wie eine Behauptung nicht deshalb wahr wird, weil gezeigt wird, daß sie tröstlich ist, wird sie nicht deshalb wahr, weil gezeigt wird, daß sie in Schrecken versetzend ist.«[8] Wenn die intellektuelle Redlichkeit sich von der Wahrheitsliebe emanzipiert, wird das gute – oder schlechte – Gewissen zur inappellablen Instanz. Die Beruhigung bei der eigenen Entschlossenheit, Tapferkeit, Gewissenhaftigkeit tritt an die Stelle des verbindenden Wissens. Es ist die Pointe des Absatzes, daß sein Ende sich mit seinem Anfang zusammenschließt und uns die äußerste Möglichkeit vor Augen führt, in der die Logik des absolut gesetzten Gebots der Grausamkeit gegen sich selbst, »unserer letzten Tugend«, suspendiert, in der das »Wettrennen«, das jenem Gebot gehorcht, abgebrochen oder zum Stehen gebracht werden kann. Denn ebendas hat die Anwendung der Kritik an der offenbarungsgläubigen Interpretation der »absoluten Erfahrung« auf Heideggers Deutung des Rufs zum Ergebnis, zu der uns die zweite Hälfte des Paragraphen einlädt: Heideggers Ausrichtung am »Tod oder dem Nichts« als der unüberholbaren, alles entscheidenden Seinsmöglichkeit, die in das jeweilige Dasein »hereinsteht«, ist nicht weniger als die religiöse Inanspruchnahme durch das »Ganz Andere« geeignet, die »radikale Ungeschütztheit, Einsamkeit und Ausgesetztheit des Menschen zu überdecken«, deren Verteidigung sie sich doch verschrieben zu haben scheint. Wie?

---

8 *Gesammelte Schriften.* Band 1, p. 21. »The controversy can easily degenerate into a race in which he wins who offers the smallest security and the greatest terror and regarding which it would not be difficult to guess who will be the winner. But just as an assertion does not become true because it is shown to be comforting, it does not become true because it is shown to be terrifying.« *Preface to Spinoza's Critique of Religion,* p. 235.

Indem sie einen letzten Halt gibt, einen letzten Sinn zuspricht. Nur der Mensch kann sterben. Der Tod als sein »eigenstes Seinkönnen« ist seine unzerstörbare Auszeichnung. In der entschlossenen Ausrichtung am Tod wird der Mensch seiner Einzigkeit gewahr. In der Gespanntheit auf den Tod wird seine Tapferkeit erprobt, erhält sein Leben den Ernst, das Schwergewicht des »Du sollst«, das es dem Behagen, Leichtnehmen, Sichdrücken entreißt. Die Autorität des Todes bringt das Dasein »in die Einfachheit seines Schicksals«. Sie stößt es auf seine »Schuld«, die Schuld des Menschen gegen das Sein, das nicht ist ohne ihn. Der Tod beansprucht den Menschen ganz, er gebietet ihm, ängstigt ihn und erhebt ihn, er macht ihn für den Ruf empfänglich, wie ein Gott.[9]

Die Kritik, die Strauss am Glaubenscharakter der Heideggerschen Position übt, betrifft nicht eine bloße Gestimmheit – obschon diese Gestimmheit dem Glaubenscharakter keineswegs äußerlich bleibt. Und sie geht über die Kritik am Glauben der Grundlosigkeit hinaus, der einer Philosophie anhaftet, welche ihr Recht und ihre Notwendigkeit nicht rational auszuweisen vermag – wiewohl mit jenem Glauben nicht zufällig eine Gläubigkeit anderer Art in die Philosophie Einzug hält, die neue irrationale Erwartungen freisetzt.[10] Die Lektüre von Conrad Ferdinand Meyers *Die Versuchung des Pescara*, zu der die Fußnote 23 auffordert, bestätigt und erhellt den besonderen Punkt, den Strauss bei seiner Auseinandersetzung mit Heideggers Deutung des Rufs im Auge hat. Der Held der im Italien der Renaissance zur Zeit Karls V. spielenden Novelle, der kaiserliche Feldherr Pescara, spricht aus, was Strauss selbst in keiner seiner Veröffentlichungen beim Namen nennt und nirgendwo ausdrücklich zum Gegenstand der Kritik macht. Pescara, der für einen »Gottlosen« gehalten wird, bekennt: »Ich glaube an eine Gottheit, und wahrlich keine ein-

---

9 Martin Heidegger: *Sein und Zeit*. Halle a.d.S. 1927, § 49, p. 247/248, § 50, p. 250/251, § 51, p. 252, 254, § 53, p. 263, 264, § 57, p. 275, 276, § 62, p. 308, 310, § 63, p. 313, § 74, p. 384, 386, § 75, p. 391.
10 Cf. *Warum Politische Philosophie?* p. 25 und 29/30.

gebildete.« Seine Gottheit ist der Tod. »Eine dunkle, aber weise Gottheit.« Der Feldherr, »der es vermied, eine christliche Stätte zu betreten«, wird, nachdem er den Ruf vernommen hat, von seinem Gott so beherrscht und erfüllt, daß sein Antlitz schließlich nichts anderes zeigt und sagt »als Frömmigkeit und Gehorsam«. Die Frömmigkeit und der Gehorsam gegen seinen Gott machen Pescara unerreichbar für die Versuchung, als Oberbefehlshaber des Kaisers und dessen spanischer Hausmacht die Seiten zu wechseln und einer Liga zur Befreiung Italiens von der spanischen Herrschaft beizutreten. Weder der Abgesandte der Liga, die der Herzog von Mailand mit Venedig, dem Vatikan und Frankreich schmiedete, noch Pescaras Frau, die italienbegeisterte Dichterin Victoria Colonna, vermögen den Feldherrn für ihr politisches Vorhaben, für den Kampf gegen die Tyrannei und für die Unabhängigkeit der italienischen Staaten (unter denen das Königreich Neapel an Pescara fallen sollte) zu gewinnen, ein Unternehmen, das den Verrat Pescaras an seinem weltlichen Herrn voraussetzte. »Italien redet umsonst, es verliert seine Mühe«, erwidert Pescara auf den patriotischen Appell Victorias. »Ich kannte die Versuchung lange, ich sah sie kommen und sich gipfeln wie eine heranrollende Woge, und habe nicht geschwankt, nicht einen Augenblick, mit dem leisesten Gedanken nicht. Denn keine Wahl ist an mich herangetreten, ich gehörte nicht mir, ich stand außerhalb der Dinge.« Und er setzt hinzu, aus welchem Grund er politische Erwägungen nicht an sich herankommen läßt, was ihn davon abhält, eine Entscheidung mit Rücksicht auf das eigene Gute überhaupt in Betracht zu ziehen, weshalb er an dem einmal eingeschlagenen Weg, an der moralischen Haltung, die er eingenommen hat, mit unbedingter Entschlossenheit festhält: »Meine Gottheit hat den Sturm rings um meine Ruder beruhigt.«[11]

11 Conrad Ferdinand Meyer: *Die Versuchung des Pescara. Novelle.* Leipzig 1887, p. 110, 122, 127, 163, 167, 169, 176, 182, 184 (Drittes Capitel gegen Ende, Viertes Capitel, Fünftes Capitel erste Hälfte).

Conrad Ferdinand Meyer kommt bei Strauss ein weiteres Mal vor. Der Name fällt erneut in einem Brief an Seth Benardete vom Januar 1965 und zwar im Zusammenhang einer knappen Erörterung der Frage τί ἐστι θεός:»If one starts from the experience, one finds the Presence or the Call – the Wholly Other which is both terrible and gracious-graceful – one might say that wholly other is death (cf. C. F. Meyer, *Die Versuchung des Pescara*) or nothingness – but *experienced* not as such but as a being, preferably as a human being or rather as ἀνθρωποειδής. ›Timor fecit deos‹: fear belongs to the irascible – θυμός (≠ ἐπιθυμία) necessarily ›personifies‹. Yet one must add immediately: Amor (ἔρως τοῦ καλοῦ) fecit deos – a love which is not satisfied (rightly) with any actual καλόν because of its essential caducity.«[12] Im Lichte der doppelten Antwort, die Strauss mit wenigen Strichen umreißt, läßt sich festhalten, daß der wiederholte Hinweis auf Heidegger/Meyer auf eine elementare Erfahrung zielt, die die beiden Autoren in ihrer Weise schlagend zum Ausdruck bringen. Das Verlangen nach Sicherheit und Gerechtigkeit einerseits, nach dem Schönen andererseits, schafft die Götter. In seiner genealogischen Rekonstruktion von 1947 hatte Strauss beiden anthropologischen Wurzeln, auf die er im Brief an Benardete rekurriert, Rechnung getragen: Dem *Thymos* vom ersten Schritt der Genealogie an und im Kontext der Explikation des Gehorsams gegenüber dem allmächtigen Gott der Offenbarung im achten Punkt mit der Forderung nach universeller Gerechtigkeit, dem *Eros* im siebten Punkt mit der Hingabe an das ewige Schöne.

Heideggers Deutung des Rufs behält auch für den mittleren und späten Strauss ihren Rang und ihr Interesse. Im Vordergrund steht jetzt aber, anders als für den frühen Strauss, nicht so sehr das Potential der Interpretation, insofern sie die Aussicht auf ein angemessenes Verständnis des Phänomens des Glaubens eröffnet, als vielmehr das Potential des Phäno-

12 Brief an Seth Benardete vom 22. Januar 1965, in meinem Besitz.

mens, insofern es in Heideggers Interpretation selbst zutage tritt und auf sein Denken Einfluß gewinnt. Die Autorität, die Heidegger dem Tod zuerkennt, hat ihre Entsprechung im Primat, den seine Philosophie der Praxis zuspricht, im Aufruf zur Eigentlichkeit und im Bestehen auf einer letzten Gewißheit, die unerschütterlich ist. Nach dem Tode Gottes rückt der Tod an die Stelle des unveränderlichen Seins oder jener unergründlichen Macht, in deren Angesicht alles Eitle zergeht, vor der alles Haltlose, Brüchige zerbricht, an der alles Uneigentliche zuschanden wird. Welche Autorität Heidegger dem Tod einräumt, zeigt der Blick auf Sokrates, dessen Leben in der unverkürzten Spannung von Eros und Tod uns Platon und Xenophon als das philosophische Leben schlechthin vor Augen gestellt haben. Montaigne sagt von ihm, daß er das Sterben als ein natürliches und moralisch indifferentes Ereignis betrachtete.[13] Gleichwohl oder ebendeshalb wurde der Tod, den Sokrates in Athen starb, zum geschichtlichen Gründungsereignis der Politischen Philosophie.

13 »Il appartient à un seul Socrates d'accointer la mort d'un visage ordinaire, s'en aprivoiser et s'en jouer. Il ne cherche point de consolation hors de la chose; le mourir luy semble accident naturel et indifferent; il fiche là justement sa veuë, et s'y resoult, sans regarder ailleurs.« Michel de Montaigne: *Essais* III, 4. *Œuvres complètes*. Ed. Albert Thibaudet et Maurice Rat. Paris 1962, p. 810.

Namenverzeichnis

Bücher des Autors

Jean-Jacques Rousseau: *Discours sur l'inégalité / Diskurs über die Ungleichheit.* Kritische Edition des integralen Textes mit deutscher Übersetzung, einem Essay über die Rhetorik und die Intention des Werkes sowie einem ausführlichen Kommentar. Paderborn 1984. Fünfte Auflage 2001. 638 Seiten.

Carl Schmitt, Leo Strauss und »Der Begriff des Politischen«. Zu einem Dialog unter Abwesenden. Stuttgart, J. B. Metzler, 1988. 141 Seiten.

Französische Ausgabe Paris, Julliard, 1990.
Japanische Ausgabe Tokio, Hosei University Press, 1993.
Amerikanische Ausgabe University of Chicago Press 1995.

Die Lehre Carl Schmitts. Vier Kapitel zur Unterscheidung Politischer Theologie und Politischer Philosophie. Stuttgart–Weimar, J. B. Metzler, 1994. 268 Seiten.

Amerikanische Ausgabe University of Chicago Press 1998.
Chinesische Ausgabe Peking, Huaxia Publishing House, 2003.

Die Denkbewegung von Leo Strauss. Die Geschichte der Philosophie und die Intention des Philosophen. Stuttgart–Weimar, J. B. Metzler, 1996. 66 Seiten.

Chinesische Ausgabe Peking, Huaxia Publishing House, 2002.

Carl Schmitt, Leo Strauss und »Der Begriff des Politischen«. Zu einem Dialog unter Abwesenden. Erweiterte Neuausgabe. Stuttgart–Weimar, J. B. Metzler, 1998. 192 Seiten.

Chinesische Ausgabe Peking, Huaxia Publishing House, 2002.

Warum Politische Philosophie? Stuttgart–Weimar, J. B. Metzler 2000. Zweite Auflage 2001. 40 Seiten.

Chinesische Übersetzung in *Revelation vs. Reason*, Hongkong 2001.
Amerikanische Übersetzung in *The Review of Metaphysics*, Washington 2002.

Als Herausgeber und Mitverfasser

Die Herausforderung der Evolutionsbiologie. München 1988. Dritte Auflage 1992. 294 Seiten.

Zur Diagnose der Moderne. München 1990. 251 Seiten.

Leo Strauss: *Gesammelte Schriften* in sechs Bänden

Band 1: *Die Religionskritik Spinozas und zugehörige Schriften.* Stuttgart–Weimar, J.B.Metzler, 1996. 448 Seiten. Zweite, durchgesehene und erweiterte Auflage 2001. 480 Seiten.

Band 2: *Philosophie und Gesetz – Frühe Schriften.* Stuttgart–Weimar, J.B.Metzler, 1997. Zweite Auflage 1998. 669 Seiten.

Band 3: *Hobbes' politische Wissenschaft und zugehörige Schriften – Briefe.* Stuttgart–Weimar, J.B.Metzler, 2001. 837 Seiten.

Als Mitherausgeber

Vom Urknall zum komplexen Universum. Die Kosmologie der Gegenwart (mit Gerhard Börner und Jürgen Ehlers). München 1993. 222 Seiten.

Der Mensch und sein Gehirn. Die Folgen der Evolution (mit Detlev Ploog). München 1997. Zweite Auflage 1998. 259 Seiten.

Über die Liebe. Ein Symposion (mit Gerhard Neumann). München 2000. Zweite Auflage 2001. 352 Seiten.

Printed in the United States
By Bookmasters